武

WU SHU

融媒体版

体育类专业系列教材

技术顾问：李　斌　　沙俊杰

主　　编：子莲鹰　　曾亦菡

副 主 编：王建超　　李云清　　刘建国
　　　　　张濒化

参　　编：姜凤云　　阳小利　　杨兴美
　　　　　高翠萍　　任　鹏　　林　聪
　　　　　高炳乾　　崔苗苗　　吴立娟
　　　　　史红强　　沙英华　　丁桂杨
　　　　　何春花　　鲁天学　　刘方涛

北京师范大学出版集团
BEIJING NORMAL UNIVERSITY PUBLISHING GROUP
北京师范大学出版社

图书在版编目(CIP)数据

武术 / 子莲鹰，曾亦涵主编. -- 北京 ：北京师范
大学出版社，2025. 6. --（体育类专业系列教材）.
ISBN 978-7-303-30832-3

Ⅰ. G852

中国国家版本馆 CIP 数据核字第 2025DR9040 号

出版发行：北京师范大学出版社 https://www.bnupg.com
　　　　　北京市西城区新街口外大街 12-3 号
　　　　　邮政编码：100088

印　　刷：三河市兴达印务有限公司
经　　销：全国新华书店
开　　本：787 mm×1092 mm　1/16
印　　张：14.25
字　　数：280 千字
版　　次：2025 年 6 月第 1 版
印　　次：2025 年 6 月第 1 次印刷
定　　价：45.00 元

策划编辑：冯祥君　王云英　　　　责任编辑：李春生
美术编辑：李向昕　　　　　　　　装帧设计：李向昕
责任校对：陈　民　　　　　　　　责任印制：赵　龙

编 委 会

前　言

　　武术既是我国优秀的传统体育运动项目，也是我国优秀的文化遗产。编写好武术教材，发展好武术运动项目，是学习贯彻习近平新时代中国特色社会主义思想的具体体现，会对学生坚定理论自信和文化自信有所帮助。

　　武术运动本身经历了简化推广及 20 世纪西方体育运动的冲击，融入了部分体操的元素。很长一段时间，部分武术教学简单地借用徒手操的教、练方法，致使学生混淆徒手体操和武术套路的区别。随着国家综合实力的增强，1998 年国家体委武术运动管理中心正式全面启动"中国武术段位制"，武术运动逐渐还本归原。2020 年太极拳被列入世界级非物质文化遗产保护名录，这再次提醒武术教学工作者应该让学生更多地了解传统武术的宗旨、核心、练法。

　　本书编写组借西南区（云、贵、川）高校武术教材编写之机，逐一参考我国体育学院普、专修《武术》教材，中学教师学历培训《武术》教材等，遵照国家教育部颁发的《全国普通高等学校体育教育本科专业课程方案》《普通高等学校体育教育本科专业各类主干课程教学指导纲要》的精神，结合课程、教材、教学、评价一体化建设等共同商讨、敲定教材内容。

　　本书内容包括武术概述，武术健身操、武术基本功和基本动作，武术教学，武术图解运用与套路创编，武术运动的评判，武术技法分析，武术套路。在武术套路部分选用了段位制长拳与剑术，包括单练、对练；太极拳部分选用了八法五步和经典的二十四式简化太极拳；还有形意拳和功夫扇。本书编写组吸纳我国武术运动理论与技术研究的科研成果，努力将自己在武术理论与实践方面的认知和经验，融于教材编写之中。

　　参加本教材编写的人员有子莲鹰（大理大学），曾亦菡（云南大学），刘建国（安顺学院），张濒化（文山学院），李云清、王建超（大理大学），林聪（滇西科技师范学院），姜凤云、阳小利（大理大学），任鹏（云南师范大学文理学院），崔苗苗（兴义民族师范学院），何春花（贵州师范学院）等。在此，对所有为本书做出贡献的人士表示最衷心的感谢！

　　特别感谢北京师范大学出版社的大力支持；感谢沙俊杰老师、李斌老师给予的形意拳的传授和太极拳的拳架矫正；感谢学生姚玉婷等协助视频、图片的拍摄；感谢杨兴美、高翠萍老师对视频、图片的拍摄、处理；感谢编委们不惜奉献自己的时间、精力和智慧！

由于时间和水平的限制，错误与不妥之处在所难免，望读者见谅，并提出宝贵的指正意见！

子莲鹰

2025 年 3 月

目　录

第一章
武术概述

■□ 内容提要

本章简要介绍了武术的定义、产生和历代的发展概况，并对武术的内容与分类、特点与价值、理论结构与相关学科构成进行了阐述。

■□ 学练目标

1. 了解武术的产生、萌芽和发展，熟悉武术的概念、内容、分类、特点、价值等。学会使用相关学科的理论、方法和成果研究武术的本质和规律。

2. 增加理论知识，提高应用武术理论知识和相关学科知识的能力。

武术是以中华传统文化为理论基础，以动作、技术、方法为主要内容，以功法、套路、格斗为主要运动形式，注重内外兼修的民族传统体育项目。武术在中华大地上延绵数千年，在中华文化的长期滋养下，内容形式丰富多彩，文化意蕴博大精深，具有鲜明的民族文化特色。

第一节　武术的产生与发展

一、武术的产生

原始社会时期，生产力水平极其低下，自然环境十分恶劣，先民们为了生存，不得不与野兽搏斗。在数万年漫长的历史流变过程中，人们逐渐学会了徒手和使用木棒、石头等器具击打野兽的方法，并随着这种基于本能的、自发的、随意的身体动作经验的积累，逐渐形成了一定的击刺技巧、攻防姿态与动作。在旧石器时代晚期，打制石器等生产工具有了较大发展；到了新石器时代，人们已经较广泛地运用弓箭来狩猎了。由于生产、狩猎工具的不断创新，人们在劈、砍、击、刺等动作方法上积累了更为丰富的经验，为武术的产生奠定了基础。

为了争夺食物、领地及性对象，原始人群之间经常发生争斗。到了原始社会末期，随着生产力水平的提高、私有制的萌芽，使用武力成为掠夺财富的一种最主要的手段，氏族与部落之间开始出现有组织的较大规模的战争。原来人与兽斗的工具和技能开始转化为人与人搏杀的工具和技能，手中的武器也随作战的需要不断得到改进、丰富和发展。如《世本》记载："蚩尤作'五兵'，戈、殳、戟、酋矛、夷矛。"可以说，正是人与人的搏杀格斗才使得大量磨制锋利的生产工具逐渐演变为互相残杀的武器，使用兵器的技艺及战争所需的格斗技能也逐渐从生产技术中分离出来，为武术的产生创造了必要的条件。

根据史料记载，原始社会的人在参与狩猎、战事等活动的前后，一般要跳武舞。武舞是对狩猎或战争场景的模拟，人们在武舞中幻想以击、刺等动作来唤起一种超自然的力量，以战胜对手和敌人。从实际效果来看，它既是对搏杀技能进行操练的一种形式，也是一种用以宣扬武威的手段。可以说，武舞是原始社会时期人们将宗教祭祀、教育、娱乐以及搏斗训练集于一体的活动方式。它是原始社会多位一体文化形态的重要组成部分，也是武术套路最主要的原生形态。

二、历代武术发展概况

武术在远古先人的各种实践活动中开始萌发，伴随着人类文明的出现而发展，在生产、生存活动中，由徒手搏击到持械格斗并演变为现代的体育运动，这在世界各个区域的人类活动中都曾出现，如拳击、击剑等。但从原始格斗术发展成击舞一体、内外兼修的特殊武术形式，则是由中华民族特有的文化土壤孕育而成，同中华民族文明的产生同步。

（一）古代武术的发展

夏朝的建立标志着中国社会从原始社会进入到奴隶制社会。奴隶主贵族之间的频繁战争进一步推动了技击技术的发展。当时的作战形式主要是车战。为了适应车战的需要，加之冶炼技术的发展，各类做工精良的青铜兵器大量配备军队，并且形制也有许多改进，组合也更加合理，如戈与矛结合而产生戟。

在商周时期，"田猎"和"武舞"成了武技训练的主要手段。"田猎"的目的是训练各种武器的使用及驭马驾车技术，是集身体、技术、战术训练为一体的综合训练。而商周时期的"武舞"则由原始社会的武舞发展而来，将用于实战的格杀经验按一定程式进行训练。

春秋战国是我国由奴隶制向封建制转型的剧烈动荡的时期。各诸侯国攻城略地，战事频繁，练兵习武得到空前的重视和发展。当时的战争已由车战为主转为以步兵和骑兵作战为主，冶炼技术的发展使得铁制兵器(尤其是铁剑)大量配备军队，作战形式和兵器的改进为武技的发展创造了更为有利的条件。当时不仅盛行击剑，文人佩剑也蔚然成风，剑客、剑士、剑家相继出现。剑术项目步入宫廷和民间，形成军事技术与民间武术并行的格局。如春秋初期，管仲在齐国便面向全国招募"拳勇股肱之力秀出于众者"。齐桓公春秋两季还举行全国性的比武较力的"角试"，以选拔天下武勇之人。此时，民间出现"士"阶层和"游侠"，显示武技发展走向民间，"武术"发展初现雏形。其主要标志是：第一，武技的社会功能向多样化发展，最突出的表现就是武技具有了表演性、竞赛性和娱乐性，最典型的史实就是当时盛行"斗剑之风"和"角抵之戏"。第二，搏斗技术向多样化发展。由于技击技术在民间的生根发芽，使得"个对个"和"两两相当"的武技活动为武术技术的多样性和丰富性创造了个体性前提。第三，技击意识向自觉性、理论性发展。如《庄子·说剑》言："夫为剑者，示之以虚，开之以利，后之以发，先之以至。"《吴越春秋》所载的《越女论剑》言："凡手战之道，内实精神，外示安仪，见之似好妇，夺之似惧虎。"这些技击原理论述精辟，理法深奥，至今仍不失光彩。在文化的交融中，随着《黄帝内经》的出现，开始形成了注重整体、强调精气、平衡阴阳的养生思想。同时，春秋战国时期又出现了强调静以养生、重在养神和注重动以养生、重在养形的不同主张。

秦、汉、三国处于中国封建社会的上升时期，政治、经济、文化的发展为武术的发展创造了积极的条件。虽然秦朝统一六国后为了维持国家的统一和专制皇权，采取收缴天下兵器、在民间实行禁武等举措，阻碍了武术的发展，但由于其"短命"，对武术的消极影响并不大。汉朝受到北方匈奴的进扰，因此十分重视武备和军事训练，甚至"兵民合一""劳武结合"，促使全民的尚武之风盛极，各种与武术有关的娱乐活动相继出现，特别是"宴乐兴舞"兴起。此时由于作战形式的需要，刀开始取代剑在军中的地位。到三国时期，刀已经成为军队中最主要的短兵器。汉时武术的发展分成两大类：一类是具有攻防格斗作用、实用性较强的技击动作；另一类则是适应时代的需要，专门在各种宴会上进行娱乐表演的技击动作。两类沿各自的方向发展，并行不悖。这一时期还出现了许多与武术有关的理论著述，如在《汉书·艺文志》中，收录了《手搏》6篇、《剑道》38篇。而真正具有武术文化意味的，并作为习武者行为规范的"武德"要求也从这一时期开始有所记述，如《史记·太史公自序》写道："非信廉仁勇，不能传兵论剑，与道同符，内可以治身，外可以应变，君子比德焉。"《史记》著述中对习武练剑及练习者均有很高的要求，其对武术发展的意义非同寻常。

魏晋南北朝既是战乱频繁的时期，也是民族交融的时期，少数民族与汉族逐渐融合，民族文化也在交流中互相吸收。这一特殊的历史背景使得武艺在军中和民间都有广泛的交流和发展。军中和民间实战类武艺对技巧、速度、力量等方面均有严格的要求，如当时选士标准，即"引疆彻札，戈铤剑戟，便于利用，挺身捕虏，搴旗斩将，堪陷阵者；矫捷若飞，窬城越堙，出入无形，堪窥战者；往返三百里不及暮至者；破格舒钩或负六百斤行五十步，四百斤行百步者"（《通典·兵典》）。另外，偏安南方的汉族政权多享乐苟安，崇尚声色玩乐，使得娱乐性的武术有了较大发展，如当时流行角抵戏、刀剑表演、武打戏等。同时，武术在与文化的交融中开始与佛教、道教相结合。道教养生理论、炼养功法尤其是炼制的"神仙丹药"深受统治者青睐，人们迷恋通过炼丹或服食"神仙丹药"追求长生不老的思想对武术的发展产生了一定的消极影响。但当时提出的炼养精气神思想，即炼精化气，炼气化神的内丹术修炼方法对后世的武术内功练法产生了积极的作用。

唐朝是中国封建社会的大发展时期，经济繁荣，文化开放，武术在这一时期得到了大发展。唐朝承隋朝之制，继续发展与完善府兵制，"寓之于农""兵农合一"，并于长安二年（公元702年）建立了武举制。这种用考试选拔武勇人才的办法极大地促进了武术的发展。唐朝时，枪是战争的主要兵器，剑也已由刀取代，剑完全退出了正式战争的舞台。而剑术在民间却得到迅速发展，众多的文人、武将、妇女、道士及民间艺人开始习练剑术，并使剑术具有了自卫、健身、娱乐、表演等多种功能。剑术演练技巧发展到很高水平，当时裴旻将军的剑术与李白的诗歌、张旭的草书并誉大唐"三绝"。尚武任侠之风流行，文人墨客崇尚武侠，如诗仙李白写有"安得倚天剑，跨海斩长鲸""抚剑夜吟啸，雄心日千里"等诗句；诗圣杜甫曾描绘公孙大娘舞剑场景："昔有佳人公孙氏，一舞剑器动四方。观者如山色沮丧，天地为之久低昂。爧如羿射九日落，矫如群帝骖龙翔。来如雷霆收震怒，罢如江海凝清光。"唐朝时，徒手格斗技艺的角力、角抵、手搏、相扑等混称并用，开展得十分兴盛，并东传日本，对日本武道的发展贡献极大。

两宋时期，民族矛盾尖锐，战争频繁，统治者都十分重视武备，军事武艺有了较大发展。不仅军事训练规范、系统，而且兵器种类大增，形制复杂，除了常用的弓、弩、刀、枪外，还有锏、棒、鞭、斧等。同时，人们为了抵御敌人、反抗压迫和自保，广大农村出现了大量武艺结社组织，如《宋史·兵志》记载的"弓箭社""英略社""锦标社"等。与农村不同的是，城市武艺结社以健身娱乐为主要目的。同时，城市中商业化的习武卖艺蓬勃发展，出现了以卖艺为生的"路岐人"、打擂比武的"擂台争霸"等。表演武艺的兴盛使得套子武艺开始大量出现，不仅军中有武艺表演，在城市群众性的游艺场所"瓦舍""勾栏"中，武艺表演也丰富多彩。这些按规定程式、规定动作进行的武艺表演，不仅丰富了民间武术大舞台，而且对后世武术向表演化方向的发展影响深远。

元朝由少数民族统治，为了防止其他民族人民（主要是汉族人民）的反抗，统治者在强化朝廷习武练兵的同时，严禁民间习武并制有禁律，在很大程度上阻碍了武术在民间的发展。武术被搬上元代兴盛的戏曲舞台，从武打戏艺术方向发展，客观上为明、清舞台武术的发展奠定了基础。

明清时期，随着火器在军中的出现并逐渐占有优势，武术与军事技艺分离开来，并在民间"开花结果"。器械发展空前，十八般武艺有了具体的名称和内容。武术与传统养生理论和方法等进一步结合，武术理论体系也初步形成。明清时期是武术的集大成发展时期，其特征如下：

第一，武术拳种流派的形成。拳种林立、门派众多，形成中国武术的一大特征。

第二，武术内功的形成。武术与气功导引术本来是各自独立存在、并行发展的两种文化现象。然而到了明清时期，特别是清代，在民间的秘密结社组织中两者结合而诞生出武术内功，从而使"内外兼修"成为中国武术区别于世界其他武技的鲜明特征。

第三，武术套路的形成。虽然在明清之前长期存在着"武舞"或"打套子"，但武术套路的正式出现却自明朝开始。程宗猷《单刀法选》所绘制的刀的套路演练步法线路图，是至今所见最早的武术套路图谱。武术套路也是中国武术明显区别于世界其他技击术的重要特征之一。

第四，内家拳的出现。武术与传统养生理论和方法等进一步结合，产生太极拳、八卦掌、形意拳等一些注重"内外合一，形神兼备"的新拳种。虽然何人何时所创众说纷纭，但都出现于明清两代。虽然风格不同，拳理各异，但其共同特点都是直接用中国哲学理论阐释拳理，重视修身养性，更全面深刻地反映中国文化的哲学内涵。

第五，对武德有明确要求。明清时期所出现的各拳种的拳谱，几乎开门见山无一例外地记载了对习武者的道德要求，某些拳种甚至在技术层面上也有对武道的要求。中国武术无论是理论还是技术都带有深刻的伦理型文化的烙印。

第六，武术理论体系也在发展中得以初步形成，出现了《武编》《阵纪》《纪效新书》《练兵实纪》等武学专著。

（二）近代武术的发展

近代中国时局动荡，战火不断。1840年，鸦片战争的炮火震撼了中国，几千年以来用于军阵厮杀的冷兵器逐渐退出战争舞台。20世纪初，清朝废止"武举制"，试图以"西法练兵"，寻求救国救民的途径。在这段特殊的历史时期，中国武术虽然受到了一定程度的负面影响，但在"强种强国"理念的号召下，也曾一度兴盛，同时还开创了武术运动的新局面，开始朝着科学化、规范化的方向发展，为中华人民共和国成立后武术运动的发展，起到了重要的承前启后的作用。

首先，各种武术组织和社团纷纷建立。辛亥革命后，一些社会名流和教育家号召"强种强国"，中国传统武术引起了人们的重视，许多城市出现了一大批武术会社，上海有30多家，北京有20多家，天津有10多家。其他城市也成立了许多武术组织。其中，1910年在上海成立的精武体育会是当时影响最大、传播最广、维持时间最长的武术组织，其影响远及海内外。在武术运动广泛开展的基础上，国民党政府于1928年在南京成立了中央国术馆，各省、市、县也相继成立了地方国术馆。这一官方国术馆组织系统对社会上的武术活动进行了积极的行政干预，其决策直接影响着当时武术的总体发展。各类民间的武术组织以及官方的国术馆组织系统的成立，使得武术打破了地域家族的限制，突破了传统的师徒口传身教的方式，武术的生存环境也由农村转向了城市，形成了以城市武术组织为中心，有组织地推广武术，有组织地开展对武术的整理和研究的局面。城市武术组织的出现，对武术运动发展的影响是积极而深远的。

其次，出现了对新的武术运动形式的尝试。1911年，一批武术名家合作编辑了一本全新的《中华新武术》教材，并于1914年做了修订。该教材于1917年被定为"军警必学之术"，1918年被定为全国正式体操。这批武术家创编的新武术，内容上以传统武术为素材，形式上借用兵式体操的操练特点，分段分节地配以口令，比较适合团体教学和操练，并在一定程度上体现了循序渐进的教学训练原则，为武术进入学校体育课提供了一种较为可行的形式，并为传统武术的近代化转型做了有益的尝试。不过"新武术"的内容较为单调，动作的兵操色彩过重。

近代中国国力衰微，当时许多有识之士认为"欲弱为强，必须先谋种族强盛"，因此，武术就被作为一种尚武强国的重要教育手段推向学校。1915年4月在天津召开的"全国教育联合会"第一次会议上通过决议："各学校应增授中国旧有武技。"1918年10月在教育部召开的全国中学校长会议上通过决议："全国中学校一律添习武术。"这标志着旧时流传于乡村市井的武术正式进入学校，成为学校体育课程中的一项内容。但由于各种原因，各地学校开设武术课程的情况并不平衡，加之后来的中日战争，对武术在学校的开展也有较大影响。

组织各类形式的武术竞赛活动，是近代武术的又一显著特点。1923年4月在上海举办的中华全国武术大会，是中国体育史和武术史上的第一次单项武术运动会。1924年举办的第3届全运会，首次将武术套路列为表演赛项目，标志着武术运动开始进入综合性运动会。1928年和1933年由中央国术馆组织举办的两次"国术国考"是近代影响最大的武术比赛。另外，1933年和1935年举办的第5届、第6届全运会，武术都被列为正式竞赛项目。这些竞赛活动使得武术竞赛规则从无到有，从简单到细化。

此后，人们对武术的观念开始革新，武术理论逐步向科学化方向发展。随着新、旧思潮的交锋和"土洋体育"之争的展开，以及武术进入学校体育课程和运动竞技场，人们对于武术的认识逐步深化，开始从体育观的角度来认识武术。同时，一些学者开始实事求是地考证武术的起源和发展，验证武术的健身与技击效果，促进了武术的科学化，取得了宝贵的学术成果。这些在武术理论科学化方面的探索，无疑是近代武术所闪现出来的亮点之一。

(三)当代武术的发展

中华人民共和国成立后，武术成为社会主义文化和人民体育事业的组成部分，得到蓬勃发展。

1. 武术在学校的发展

(1)体育院校与高等院校

1954年全国各地体育院校开始把武术列入正式课程。1958年北京体育学院与上海体育学院相继成立了武术系，1960年开始全国其他体育院校也相继成立武术系。1984年国务院批准设立了武术硕士学位。1991年各高等体育和综合院校设立了武术或民族传统体育系，开设武术专修课，为武术培养人才。1996年国务院学位办公室正式批准武术作为一门体育学科，并同意上海体育学院作为第一个武术博士学位授予单位。2004年上海体育学院开始设立"民族传统体育学"博士后流动站。2013年6月"国家汉办孔子学院汉语国际推广武术培训与研究基地"落户首都体育学院。同年12月国家体育总局与国家汉办共同在北京体育大学建立汉语国际推广武术师资培训基地，并在孔子学院开设武术课程，为在境外建立中国武术培训中心(基地)创造条件，至此武术的国际化推广上升到国家层面。

(2)中小学校

1987年颁布的《全日制小学体育教学大纲》明确把武术列为三至六年级的基本体育教学内容之一。2004年3月中宣部、教育部联合颁发的《中小学开展弘扬和培育民族精神教育实施纲要》明确规定："体育课应适量增加中国武术等内容。"2006年《国家"十一五"时期文化发展规划纲要》规定："中小学各学科课程都要结合学科特点融入中华优秀传统文化内容。"为了促进武术在校园的传承发展，国家武术研究院与教育部体育卫生与艺术教育司共同组织专家创编了中小学武术的系列健身操，并联合下文要求，自2010年9月1日起在全国普通中小学(含特殊教育学校)、中等职业学校中推广实施。2013年9月教育部体育卫生与艺术教育司主持成立全国学校体育武术联盟，标志着新时期武术教育体制、机制和模式的重要创新。值得一提的是，2015年教育部将武术列为"七大校园教育运动的项目"之一。

（3）教材建设

1961年第一部全国体育学院本科武术讲义出版。1977年全国体育院(系)通用武术教材出版。1988年与1991年普修与专修两种武术教材出版。2004年《中国武术教程(上、下册)》出版。

20世纪80年代中期，武术成为普通高等学校体育教育专业主干课程，全国高等学校体育教学指导委员会为此组织编写了《武术》教材，随后在"淡化套路，突出方法，强调应用"的指导思想下，又分别于2005年、2009年以及2015年编写了普通高等教育"十五""十一五"和"十二五"国家规划《武术》教材。

2. 武术组织机构的建立与发展

1956年中国武术协会在北京成立。1985年中国武术协会根据武术运动的特点，颁布并实施了《武术运动员技术等级试行标准》，分为武英、一级武士、二级武士、三级武士、武童5个级别。1986年国家体委武术研究院成立。次年国家体委研究决定将体委训练竞赛四司的武术处合并于国家体委武术研究院，统一管理全国武术工作与对外推广工作。1990年中国武术协会进行实体化改革，成为中华全国体育总会的团体会员和国家直属事业单位，在对项目的业务管理上拥有部分行政职能。为进一步理顺关系，完善管理体制，1994年国家体委下发了《关于国家体委武术协会更名为国家体委武术运动管理中心的通知》，在保留中国武术协会的名义下，增设了国家体委武术运动管理中心，形成了以国家体委武术运动管理中心、中国武术协会与中国武术研究院为结构的武术运动管理班子。地方性武术协会与地方性武术馆、校、站的建立，也为武术事业的发展、推广做出卓有成效的贡献。1997年国家开始实行中国武术段位制，为武术的发展又谱写了新的篇章。2019年2月第八届全国武术工作会议暨第十一届中国武术协会换届大会在北京召开，提出做实"大武术""大体育"，贡献"大健康"的理念。

3. 武术竞赛规则的制定与完善

（1）武术套路竞赛规则

1959年第一部以长拳、南拳和太极拳为主要竞赛内容的《武术规则》被颁布施行。1996

年国家武术管理部门审定颁布了第七版的《武术套路竞赛规则》。2003年为了适应武术运动申报奥运会项目的需要，国家武术管理部门对《武术套路竞赛规则》做了较大的修订，使武术比赛的评判更具客观性。2013年中国武术协会审定了《武术套路竞赛规则与裁判法》。2024年中国武术协会又审定了《武术套路竞赛规则与裁判法（2024试行版）》。

（2）武术格斗竞赛规则

①散打：1980年10月在云南昆明举行的全国武术表演赛期间，国家体委调集试点单位的有关人员研究、拟定了《全国武术散手竞赛规则（征求意见稿）》。随后在1982年1月，国家体委又调集部分专家在北京研讨并确定了《全国武术散手竞赛规则（初稿）》。同年年底，在北京召开的第一次全国武术工作会议确定，武术散手应本着"积极、慎重、稳妥"的精神发展。1990年《武术散手竞赛规则》正式颁布施行，并开始实行裁判员、运动员等级制度。同年，武术散手比赛的评分开始采用电子计分器，使得评分的手段更为先进。随后，各类武术散手比赛纷纷举行。1999年为了使"散手"比赛进一步规范化和突出民族特色，有关部门研究决定，将"散手"正式改名为"散打"。2004年为了使国内散打比赛与国际散打比赛接轨，《武术散打竞赛规则》又被重新修订，并在同年举办的全国武术散打锦标赛上开始实行。

②推手：1989年有关部门将太极拳推手列为比赛项目并修订《太极拳推手暂行竞赛规则》，1991年对其修改完善并颁布了《太极拳推手竞赛规则》，2018年再次修改完善并颁布了《武术太极拳推手竞赛规则（2018试行版）》。

③短兵：2012年首部《武术短兵竞赛规则与裁判法》问世。2020年起中国武术协会、武术运动管理中心对武术短兵项目的竞赛规则、裁判方法、技术体系、器材装备等方面进行了重新设计、调整，提升了项目的安全性，颁布了《武术短兵竞赛规则（2021试行版）》。

（3）武术运动员、裁判员管理

1985年《武术运动员技术等级试行标准》颁布实施，将武术运动员技术等级分为武英、一级武士、二级武士、三级武士与武童5个级别。1987年国家体委制定了《武术裁判员暂行管理办法》，将武术裁判员技术等级分为国家级、一级、二级、三级4个级别，另设"荣誉裁判员"称号。国际武术联合会成立后，增设国际武术裁判员级别。1990年国家体委对散手运动员与裁判员试行等级制度。

4. 武术被列为体育竞赛项目

（1）武术套路竞赛

1957年国家体委将武术列为体育竞赛项目。1989年国家体委又将全国武术比赛改为全国武术锦标赛。武术于1990年第11届北京亚运会起，被列为亚运会的正式比赛项目；从1997年第8届全运会开始，武术成为全国运动会的正式（非奥运会）比赛项目。

（2）武术格斗竞赛

①散打：散手运动自1979年开始进行试验比赛，1988年在甘肃兰州举行了第一次设台比赛。1989年散手运动被批准列为正式体育竞赛项目，并在江西宜春举行了第一次武术散手的正式比赛——全国武术散手锦标赛。散手运动进入了一个新的发展阶段。1993年的第7届全运会和1998年在泰国举办的第13届亚运会把散手列为正式竞赛项目。散手运动进入综合性运动会，表明武术散手竞赛已经较为规范和成熟。进入20世纪90年代，散手运动的竞赛制度更趋完善。

②推手：国家体育总局武术运动管理中心和中国武术协会于2004年开始举办"全国武术功力大赛"，太极拳推手成为其中的正式竞赛项目。

目前，主要的武术竞赛有全国武术锦标赛，全国青少年武术锦标赛，全国太极拳、剑、推手比赛，亚洲武术锦标赛，世界武术锦标赛，以及全运会武术比赛和亚运会武术比赛，等等。

5. 武术作为非物质文化遗产被保护传承

改革开放以来，武术事业迎来发展春天。1982年全国武术工作会议指出"必须加强武术的科学研究和理论建设"。1983—1986年有关部门在全国范围内展开了武术挖掘整理工作，本着"源流有序、拳理明晰、风格独特、自成体系"的原则，挖掘整理出129个拳种，出版了《中国武术拳械录》。国家体委在1991年开始了每三年一次的"武术之乡"评比活动，1995年在全国范围内展开了"武术百杰"评选活动。武术作为优秀民族传统体育文化，对于全面完整地继承保护文化遗产具有深远的意义。武术作为非物质文化遗产，反映了一个地区民众的共同理想和追求，具有深厚的民族历史积淀和广泛的代表性，在世界范围内具有不可替代性。

6. 武术的市场化和国际化

在1987年国家体委提出的"开发武术资源"口号以及1988年全国体委工作座谈上提出的"以武养武"发展思路下，武术经济得到迅速发展，涌现出大批的民间各类武术馆、校、社与以"武术搭台，经贸唱戏"为平台的武术文化节，如河南郑州国际少林武术节、河南温县国际太极拳年会、湖北武当文化武术节等。1993年中国南北武术散手争霸赛明确了中国武术的市场化发展方向，之后，1999年举办了中国功夫对美国职业拳击争霸赛，2001年举办了中国功夫对泰国职业泰拳争霸赛。值得一提的是，诞生于2000年的"中国武术散打王争霸赛"，开创了武术格斗类商业化的全新模式，带动了武术格斗赛事与电视栏目的蓬勃发展。

第二节　武术的内容与分类

我国历史悠久，地域辽阔，伴随着这个特点产生、发展的武术运动可谓根深叶茂，内容丰富多彩。对于武术内容的分类，人们曾做过多种尝试。如传统的分类方法中，有以是否"主搏于人"而分为内家与外家；有按山川、地域分为少林、武当、峨嵋等门派；此外还有南拳北腿、东枪西棍之说。目前有人依习武范围与目的将武术分为竞技武术、学校武术、民间传统武术和军事武术等；还有人根据体育竞技比赛项目将武术进行分类。每种分类方法各有所长，也有其不足之处。此处按运动形式的分类方法，可将武术分为功法运动、套路运动和格斗运动三大类。

一、功法运动

功法运动是以单个动作为主进行练习，以达到健体或增强某方面体能的运动。功法运动主要为武术套路和攻防格斗服务，但也有只以健身为目的的功法运动。例如，专习"浑元桩"可以调心、调身、调息，长时间站"马步桩"可以增强腿力，练习"排打功"可增强人体抗击打能力，练习"打千层纸"可以提高击打能力，等等。

功法运动的内容丰富多彩，按其形式与功用又可进一步分为内功、硬功、轻功、柔功等。

（一）内功

"内功"即"内养功"或"富力强身功"，泛指习武者通过专门的训练方法和手段，对人体内在的精气神及脏腑、经络、血脉等的修炼，以达到精足、气壮、神明、内脏坚实、经络血脉通畅、内壮外强的功效。内功包括静功、动功、动静功。它有很多具体的练习功法，从锻炼的形式与方法上看，大致有静卧的方法、静坐的方法、站桩的方法和鼎桩的方法4种。

（二）硬功

"硬功"又称"外功"，泛指习武者通过专门的训练方法和手段，使身体具有比常人较强的击打、抗击打、抗摔跌、抗磕碰的能力，以达到强筋骨、壮体魄之功效的功夫运动。如传统的鹰爪功、金刚指、铁砂掌、打千层纸以及各种排打功等，都属于硬功。硬功可分为增力类、抗击类等。一般与内功结合进行修炼，即所谓的"内练一口气，外练筋骨皮"。

(三)轻功

轻功又称"弹跳功"，泛指通过各种专门的练习方法和手段，以达到增强弹跳能力而蹦得高、跳得远之功效的功法运动。至于轻功能使人变得"身轻如燕"以至于可以"飞檐走壁"的传说，缺乏科学根据，并不可信。

(四)柔功

柔功，泛指通过各种专门的练习方法和手段，以达到提高肢体关节活动幅度和肌肉伸展性能的功法运动。柔功包括肩腕、胸背、腰腿、足踝部柔功，如武术基本功中的各种压腿、搬腿、撕腿、劈叉腿、下桥、压肩等，都属于柔功。

在传统的功法运动中，前人根据实践经验总结出来的有些功法一直延续至今，如"排打功""沙包功""木人桩功"等，仍是提高武术专项技能的有效训练方法与手段。有些功法在一定的历史阶段发挥过作用，但随着科学技术的发展，现今已被新的方法和器械所取代，如"石锁功""石荸荠功"等。有些功法是否科学合理还有待进一步研究，如"金钟罩""铁裆功"等。另外，有些功法纯属玄虚不实，带有迷信色彩，应予摈弃，如"刀枪不入""飞檐走壁""隔山打牛"等。

二、套路运动

套路运动是以技击动作为内容，以攻守进退、动静疾徐、刚柔虚实等矛盾运动的变化规律为依据编成的组合及整套练习。按照练习人数多少，套路运动又分为单练、对练和集体演练。

(一)单练

指个体独自进行套路练习的方式，分为拳术和器械运动两类。

1. 拳术

拳术是指徒手练习的套路运动。拳术的种类很多，包括长拳类、长击类、短打类、圆柔类、象形类等，常练的有长拳、南拳、太极拳、形意拳、八卦掌、通背拳、劈挂拳、翻子拳、地躺拳、象形拳等。

2. 器械运动

器械运动是指手持武术兵器进行练习的套路运动。器械又可分为：①长器械，如枪、棍、大刀等；②短器械，如短刀、剑、铜等；③双器械，如双刀、双剑、峨嵋刺、铁筷子等；④软器械，如九节鞭、三节棍、绳镖、流星锤等。目前，武术竞赛中主要的器械项目是刀、枪、剑、棍。

（二）对练

对练是指在单练基础上，两人或两人以上，在预定条件下进行的假设性攻防练习的套路形式。其中包括徒手对练、器械对练、徒手与器械的对练等。

（三）集体演练

集体演练是指多人（竞赛中通常要求 6 人以上）徒手、器械或徒手与器械同时进行演练的套路形式。练习时可变换队形，可用音乐伴奏，要求队形整齐，动作协调一致。

三、格斗运动

格斗运动是两个人在一定条件下按照一定的规则进行斗智、较力、较技的实战攻防格斗。目前开展的较为普遍的有散打和推手。格斗运动可分徒搏和械斗两类。徒搏类包括散打、推手运动；械斗类包括短兵、长兵运动。

（一）散打

散打是两人按照一定的规则，使用踢、打、摔等技击方法制胜对方的竞技项目。散打的特点是手脚并用，全身肌肉的张力极大，而动作又进行得非常迅速。这能够使肌肉富有弹性，提高灵活性。同时由于肌肉活动激烈，也提高了呼吸系统和循环系统的机能。它能够使人们学会利用时机来进行攻击，提高攻击的准确性和突然性，提高防身自卫和实战能力，能够培养勇敢、顽强、沉着、机智等品质以及提高力量、速度、耐力等身体素质。

（二）推手

推手是两人按照一定的规则，使用掤、捋、挤、按、採、挒、肘、靠等方法制胜对方的竞技项目。推手的特点是双方在沾粘连随不丢顶的条件下，运用肘、腕、掌、指等身体感觉来判断对方肌肉力量上所发生的细微变化，寻机借劲发力将对方推出，它能使身体感觉的机能和中枢神经迅速变换，抑制与兴奋作用的功能都得到相应的提高。

（三）短兵

短兵是两人手持一种藤、皮、棉制作的似短棒的器械，按照一定的规则，使用击、刺、劈、斩等剑法和刀法进攻对方以决胜负的竞技项目。短兵的特点是熔击剑和劈刀于一炉，剑法和刀法并用。在比赛时剑法和刀法变换不定，需要及时辨清予以进击，对中枢神经系统迅速转变外界刺激物反应的能力要求较高。它能使人体视觉中枢、运动感觉等的敏锐性，神经系统与各部位肌肉活动的协调性得到较大的提高。

（四）长兵

长兵是两人手持一种特制的长器械，遵照一定的规则，以棍法和枪法为主要攻防方法进行比赛的竞技项目。

第三节 武术的特点与价值

一、武术的特点

武术是由人的技击自卫术发展起来的，无论是套路还是格斗，无论是单练还是对练，无论什么民族使用何种器械，都保留了攻防技击的技术特点。它有着与其他体育项目相同的共性特点，也有着与其他体育项目不同的个性特点。

(一)攻防技击性的本质特点

武术的技击性是武术的精髓与魅力，也是区别于其他体育项目的重要标志。武术最初作为军事训练和战争手段，与古代军事斗争紧密相连，体现了它的军事价值。由于古代武术直接为战争服务，因此，受兵法学的影响较深，技击性是显而易见的。剧烈的军事斗争促进了多种攻防技能的发展与提高，后来出现的所谓"十八般武艺"之说，就是用来形容古代兵器之多和攻防格斗技术的多样化的。

目前，武术作为体育运动中的一个项目，技法上仍不失攻防技击的特性，而且将技击性寓于套路运动与格斗运动之中。武术散打是训练技击性的主要手段。即使是套路运动，也不乏劈、刺等攻防动作，攻与防既是对抗运动的主要动作，也是套路运动的主要内容。

(二)具有中国传统文化的鲜明特点

中国武术萌生于中国文化土壤，中国传统文化孕育它成形，养育它成长，促进它不断发展、完善。从总体来看，武术理论受中国哲学影响较多，武术防身制敌法受中国兵学影响较多，武术健身法受中医和养生术影响较多，武术表演艺术受古代武舞影响较多。以拳种为例来看，太极拳与老子"重柔主静"思想相通，要求动作柔缓圆活，强调"以静制动"；八卦掌以易理为拳理，要求"以动为本，以变为法"，强调"以动制静"；少林拳受禅学影响，要求将禅修融入练武，强调"举禅体"；等等。以拳式动作为例来看，武术动作要求意、气、劲、形四者和谐统一，一动俱动、一到俱到。这种"内外合一"的整体运动规律，反映了"天人合一"的观念。武术动作的运动路线和节奏多表现为欲伸先屈、欲左先右、欲开先合、欲起先伏、欲急先缓、欲重先轻、欲紧先松等。这种从欲达方向的反向着手开始动作的表现方法，可溯源自《老子》"将欲歙之，必固张之；将欲弱之，必固强之；将欲废之，必固兴之；将欲取之，必固与之"的思想。另外，行拳换势时要"动中求静"，定势时要"静中求动"。运动追求"刚柔相济"，格斗崇尚"攻中寓防、防中寓攻"。这种既要明晰事物对应双方，又强调对应双方相互依存、互相转化的技法要求，是中国古代阴阳学说在武术技法中的运用。

1. 以套路运动为主，多样统一的运动形式特点

中国武术一直循着搏斗运动和套路运动这两种形式向前发展。古代以前者为主，近代以后者为主。套路是由若干单个动作，按照一定的顺序恰当地连接而成。拳种不同，风格各异，套路的长短也不尽相同，并有单练、对练和集体表演套路之分。但无论何种套路，其共同的特点是以踢、打、摔、拿、劈、刺等技击动作为主，并结合步型、步法、跳跃、平衡、旋转等构成。任何一种套路都要求动作连贯，往返多变，起伏转折，节奏鲜明，特点突出。

武术的内容丰富多彩，运动形式多种多样，俗称"十八般武艺"。实际上，不同形制的武术器械就有数十种，不同风格特色的拳种多达百余种，流传套路二千余个。不同器械和不同拳种的练功方法、基本动作、套路结构、技击特点等都不尽相同。按照它们的运动形式，可分为功法运动、套路运动、格斗运动三大类。三类运动虽锻炼形式不同，却相互联系、相互为用，统一于一定的目的之下。通过功法运动，能获得学习套路和格斗技术的基本技能，提高表现套路和格斗技巧的体能。通过套路练习，有助于灵便身手和掌握对搏招法。套路演练还能展示出功法训练的水平。通过格斗练习，有助于体会武术意识和动作的攻防含义，也能展示出功法训练水平的高低。

2. 内外合一、形神兼备的运动特点

内外合一、形神兼备的练功方法是武术运动的又一大特点。武术运动以整体统一的观念作为训练和应用的准则。认为人体内在的、无形的意、气、劲，与外部有形的肢体是不可分割的整体，要求意、气、劲、形统一。自然界与人之间存在"天人感应"的关系，也是一个不可分割的整体，要求人的运动与天（自然）的运动统一。这种整体运动观表现在技法原理上，讲究"内外合一"；表现在训练原则上，讲究"内外互导"；表现在锻炼效果上，讲究"内壮外强"。

所谓内，指的是心、神、意、气等内在的心志活动和气息运行；所谓外，指的是手、眼、身、步等外在的形体活动。内与外、形与神是相互联系和统一的整体，既要求内外合一，又讲究形体规范，精神传意。许多拳种和流派都十分强调内外合一、形神兼备的练功方法。"内练精气神，外练筋骨皮"是各家各派练功的准则。例如，查拳强调"精气神"；华拳强调"心动形随、意发神传"；太极拳强调"以心行气""以气运身"；形意拳强调"内三合，

外三合"，即"心与意合""意与气合""气与力合"的内三合，"手与足合""肘与膝合""肩与胯合"的外三合；南拳强调"内练心神意气胆，外练手眼身腰马"。

这一特点反映了中国武术作为一种文化形式，在长期的历史演进过程中受中国古代哲学、医学、美学等方面的渗透和影响，形成了独具特色的民族风格和运动形式。

3. 具有广泛的适应性特点

由于武术内容十分丰富，形式多样，不同的拳术和器械有着不同的动作结构、技术要求、运动风格和运动量。所以，它不受年龄、性别、体质、时间、场地和器材的限制，人们可以根据自己的情况和需要选择适合的项目来进行锻炼。武术能在民间经久不衰，与这一特点有着密切的关系。利用这一特点，可促进武术进一步的社会化和国际化。

二、武术的价值

武术的价值取决于武术本身的特点和社会的需要。随着社会的进步、体育科学的发展，人们对武术价值的认识有了新的突破。

（一）健身养生价值

中国人历来重视运动，重视生命，注重养生之道，所以武术与养生导引术相互影响，相互渗透。如轻柔缓慢的太极拳运动，不仅对心血管系统、呼吸系统有良好影响，而且对调节神经系统、陶冶性情、缓解压力都有其独到之处，因此受到海内外人群青睐。

武术的健身效应是通过平时的训练、表演、比赛等形式获得的。由于武术的运动方法特殊，要求心悟体练、内外合一、形神兼备，可以运动身体肌肉、韧带、关节及五脏六腑。它不仅是形体的锻炼，而且能理脏腑、通经脉、调精神，达到"壮内强外"的效果。尤其是武术的许多功法都注意调息行气和意念活动，对调节体内环境的平衡、调养气血、改善人体机能、增强体质是十分有益的。儿童、少年和青年人从事武术锻炼能促进生长发育，健美体格；老年人经常坚持锻炼，能减少骨质疏松和骨赘等出现，延缓衰老的退行性变化，延年益寿。

（二）防身御敌价值

在以冷兵器为主要兵器的时代，武术的技击作用是非常突出的。到了现代，武术的技击作用虽不如古代那样突出，但在战争中仍不可避免会遇到近距离的搏斗，尤其在遇到危险防身自卫时，能借用攻防技巧保护自己尤为重要。

武术的技击性具有防身御敌的功能。通过习武，不仅能增强体质，提高身体的灵活性和反应能力，而且还能掌握各种踢、打、摔、拿、劈、刺的技击方法。这不仅可以作为公民自卫和御敌的手段，还可应用到军警的训练和对敌斗争之中。例如，散打和擒拿术可以训练徒手格斗技术；把短兵运动略加发展，即可成为警棍的训练内容。即使是在军事科学高度发达的今天，在军警里广泛深入地开展技击术仍有现实意义。

(三)锻炼意志、涵养精神价值

学武者需有坚忍不拔的精神和意志品质。练习基本功，要不断地克服疼痛感，坚持"冬练三九，夏练三伏"。练习基本动作套路，要克服枯燥感，培养刻苦耐劳的意志品质。参加比赛，要培养良好的心理素质，锻炼勇敢无畏、坚强不屈的战斗意志。在实战中，培养斗智斗勇、勇猛顽强、敢打敢搏的精神。

(四)教育价值

武术的教育作用主要体现在学校教育中。武术教育历来重视"武德"，以"尚武崇德"作为武术教育的基本原则之一，培育学生养成尚武崇德的精神。这种精神正是传统的中华精神在武坛的缩影。中国古代哲人认为，人生天地之间，是天地的精华，应该"与天地合其德"。明清之际的思想家、教育家颜元主持的漳南书院里就有武备课。现代学校体育课程中的武术课，其功能是通过武术向学生传授武技，更重要的是灌输武德思想，提高民族意识，激发图强精神。

"尚武"能培育"自强不息"的精神。尚武者在坚持不懈的武术锻炼中，体魄不断强健，攻防技能不断提高，这是自强不息精神赖以存在的基础。强健的体魄能保证机体承受住社会劳作的苦累，抵御严寒、酷暑、风湿等对人体的侵袭，在艰辛和恶劣环境中求得生存。防身制敌之术能对付敌对者的武力侵犯，能借助攻防技巧，保护自己，打败对手。这类战胜恶劣环境和对手的胜利体验，能逐步使尚武者养成不屈服于恶劣环境和竞争对手、见恶不畏、见强不惧、勇于拼搏、夺取胜利的精神。这正是自强不息精神的具体体现。

"崇德"能培养"厚德载物"的气度。武术传习中，强调武德教育，要求习者具有手德、口德、公德。手德即较技时不以武力伤人，就是对待坏人，也以擒拿点穴等法制服敌手为上。口德即不以语言中伤他人。公德即遵守社会道德规范，不做扰乱社会治安的事。在武术技法中，还形成了"以柔克刚""舍己从人"等顺其自然，保护自己，而不与人强争胜负的打法。这些崇尚道德的修养，能逐步使习武者养成与人友善、淳厚处世、宽容万物的气度，这正是厚德载物德性的具体体现。

(五)经济价值

武术同其他体育运动一样，本身就是一种产业。如对国内外武术爱好者进行教学、训练，开办武术馆校，举行武术表演、比赛等，这些活动，使武术以劳务的形式为社会提供了服务，加上武术器材、服装、教材、音像资料等用品的消费，充分发挥了武术的经济作用。

(六)娱乐观赏价值

武术具有很高的观赏价值。赛场上双方斗智斗勇的对抗性散打比赛，或是显示武功与技巧的套路表演，能使人获得美的感受，在某种程度上满足人们的审美需求和精神需要，也同时丰富了健康文明的闲暇生活。这种审美价值，就产生于技击美和技艺美融合的武术美之中。

第四节　武术理论结构与相关学科构成

武术理论是人们认识武术的一种理性活动。从久远年代走过来的武术，在其漫长的发展过程中，由于种种原因，其理论的研究滞后于技术的发展。武术的博大使其理论的内涵与结构比一般体育项目复杂得多。它是一个多成分的复合体，一个从时间到空间都不易把握的文化现象。我们既要重视历史上武术发展的内容，又要重视当今条件下武术发展的内容。我们既不能妄自菲薄传统武术理论，又更要以现代科学为指南，站在高度抽象、多维思考的角度，从武术发展的趋势上去把握它的本质及规律，扬传其精华而弃其糟粕，建立具有新的特质的武术知识结构体系。

一、武术理论的知识结构

武术理论自身的知识结构包括基础理论、技术理论和应用理论。

(一)基础理论

武术基础理论是指关于武术总体认识的理论。主要包括武术学、武术概论、武术史。武术学是从学科角度对武术进行研究，研究武术理论的形成过程、变化规律和发展趋势，分析整个武术体系的结构、整体、分支学科及各分支学科间的相互关系等。武术概论是对武术总体进行的客观论述，主要是指武术的概念、武术运动的特点、武术的价值与社会功能、武术的流源与分类等。武术史是研究武术产生、发展的历史演进过程，揭示其发展规律，主要包括武术发展史、断代史以及各种拳械单项史等。

(二)技术理论

武术技术理论是指对武术运动中各家各派的技术风格、结构特点，包括技击方法和练功方法等在内进行具体的技术性分析与研究的理论；是对武术技术实践的理论总结和理论升华，为人们更深刻领会武术技术提供理论依据；主要包括拳械技法原理、攻防技击原理、功法原理、技术创新研究等。其中拳械技法原理主要研究普遍存在于各种拳械技术的共性规律，并分析其技法特征、动作结构等。攻防技击原理主要研究散打等实战项目的技击原则、方法、技术、战术特点等内容。功法原理主要研究传统与现代练功方法、手段以及基本原理和特点等。技术创新研究主要研究技术创新的原则、方法、手段，以创新出新技术、新动作、新组合。

（三）应用理论

武术应用理论是指对武术实施过程中涉及的理论问题的研究，主要包括武术教学理论、武术训练学、武术竞赛学、武术管理学、武术市场营销学等。

武术教学理论主要研究武术的教学特点和一般规律、教学原则、教学方法和手段、教学步骤和阶段、教学的组织形式及教学评价等等。武术训练学主要研究武术训练过程与规律，分析训练原则、训练方法与手段、训练特点，科学选材运动员，科学制订训练计划和进行运动心理学研究等等。武术竞赛学主要研究武术竞赛规则、竞赛裁判法、竞赛的组织、竞赛的编排方法以及竞赛法规建设、竞赛体制等有关竞赛的理论。武术管理学主要研究现代武术管理活动的规律，管理的目标、原则、组织、体制、方法及管理制度等等。武术市场营销学主要研究在市场经济条件下，武术市场的扩展和开发、武术产业化的促进等等。武术国际化主要研究武术与奥林匹克运动的关系、武术的国际化传播、武术国际化发展趋势等等。

二、武术理论的相关学科构成

武术理论的研究不可能只局限在自身的知识结构中，必然与其他学科相互融合渗透，既涉及社会科学，也涉及自然科学。武术的相关学科包括武术与中国传统文化、武术与现代学科两部分（如图 1-4-1）。

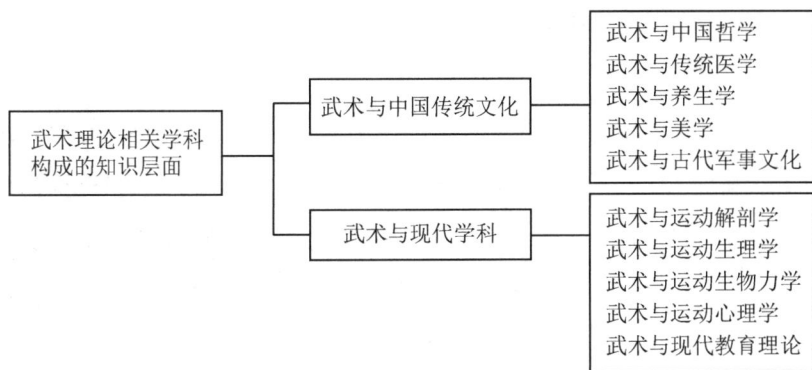

图 1-4-1

(一)武术与中国传统文化

武术植根于中国传统文化之沃土,蕴含中国传统哲理之奥妙,摄养生之精髓,集技击之大成,融传统医学之理,显武术运动之美,由此形成内涵广泛、层次纷杂的理论知识结构,它与中国哲学、传统医学、养生学、美学、古代军事文化等有着必然的联系。

武术与中国哲学主要研究中国哲学的本体论、认识论、方法论的主要观念和范畴对武术理论与实践的深刻影响,如"天人合一"思想与传统武术相融合后,表现为习武者追求人与自然的统一,习武者会在自觉或不自觉的情况下创造出各种象形取意的拳种和拳式等。

武术与传统医学主要研究传统医学的基础理论对武术的影响,如精气神学说在武术中的应用,传统医学经络学等对武术的影响,中医辨证施治、整体施治的原则对武术的影响,伤科与武术的特殊关系等。

武术与养生学主要研究传统的养生思想、原理、方法等对武术的影响,武术独特的养生方法手段等。

武术与美学主要研究传统美学思想、美学范畴等对武术的影响,并研究武术美学的基本表现特征等。

武术与古代军事文化主要研究武术与战争、兵法的关系,武术技击与兵法谋略,探讨武术与古代军事文化的渊源关系等。

(二)武术与现代学科

武术发展到现代,从现代学科中吸取了营养,丰富和完善了理论知识结构。武术自身包含着许多科学的内核,需要充分借鉴和直接利用现代科学的观念、法则以及某些成果来提高其科学性,特别是运用现代生物学科理论与方法对武术进行多方位研究,以了解武术运动对人体结构机能的影响机制,揭示强身健体、防身养生和观赏自娱的客观价值,阐释武术运动对人体锻炼的独特作用,为武术提供科学理论依据。

武术与运动解剖学是研究武术运动对人体形态结构产生的影响,并探索人体结构的机械运动规律和武术技术动作的关系。

武术与运动生理生化主要研究武术运动对神经、心血管、呼吸、内分泌等系统的影响。运用生理生化的研究方法与手段,揭示武术运动对人体所产生的各项生理生化指标变化,为竞技武术的科学训练提供科学依据,同时也为武术活动的健身价值做出科学说明。

武术与运动生物力学研究可以对武术动作的力学原理进行探讨,为运动员进行技术诊断,科学地指导运动技术的改进与提高。

武术与运动心理学研究将运动心理学的理论和方法运用于武术训练竞赛方面,研究运动员心理品质、赛前运动员心理调整等。

武术与现代教育理论研究如何将现代教育原则、方法和成果运用于武术教育教学。

思考题

1. 名称解释：武术、武术套路、散打、推手、武德。

2. 简述武术各时期的发展。

3. 简答武术的内容与分类。

4. 简答武术的特点和价值。

5. 武术理论的知识结构包括哪些内容？武术的相关学科构成有哪些？

参考文献

1. 全国体育院校教材委员会. 中国武术教程（上、下册）[M]. 北京：人民体育出版社，2004.

2. 蔡仲林，周之华. 武术（第三版）[M]. 北京：高等教育出版社，2000.

3. 左文泉，肖作洪，杨庆辞. 武术[M]. 北京：北京师范大学出版社，2011.

4. 全国体育学院教材委员会. 武术（上、下册）[M]. 北京：人民体育出版社，1991.

5. 国家体育总局，中华全国体育总会. 《武术段位制推广十年规划（2014—2023）》[EB]. 2014.

6. 国家体育总局武术中心. 中国武术发展五年规划（2016—2020 年）[EB]. 2016.

编者简介：

1. 张濒化，女，硕士研究生，体育教育专业，教育学硕士学位，副教授。研究方向：武术教学训练理论与实践；研究特长：民族传统体育研究。

2. 崔苗苗，女，硕士研究生，民族传统体育专业，教育学硕士学位，讲师。研究方向：武术教学训练理论与实践；研究特长：武术与民族体育研究。

3. 子莲鹰，女，大学本科，体育教育专业，教育学学士学位，副教授。研究方向：体育教学与训练；研究特长：武术与少数民族传统体育研究。长期从事高校武术课程教学和武术非物质文化遗产的传承和保护工作，发表论文 10 余篇，相关课题 3 项，参与编写教材 4 部。

第二章
武术健身操、武术基本功和基本动作

📖 内容提要

本章介绍了武术健身操、武术基本功和基本动作，并使用图解对相关内容做了说明。

📖 学练目标

1. 了解武术健身操的练习方法，了解柔韧练习的基本方法和基本的手型、手法、步型、腿法，以及跳跃、五步拳的练习方法。

2. 掌握基本功的基本动作、组合动作、武术操的相关知识，培养灵活运用相关知识锻炼身体的习惯，提高自我锻炼和指导他人的能力。

第一节　武术健身操

一、武术健身操简介

《全国中小学生系列武术健身操》共四套，各分为九节，每节 4×8 拍。统一动作名称为：起势、抻拉运动、开合运动、踢腿运动、侧展运动、拧转运动、俯仰运动、跳跃运动、收势。动作名称既体现了"表形"的动作特色；同时又配有"表意"的动作名称。如《旭日东升》9节的表意名称为：虎顾鹰盼、手领征袍、虎啸生威、猛虎蹬山、掼撞金钟、鹞子抓肩、鲲鹏亮翅、百鸟蹬枝、抖袖掸尘；《雏鹰展翅》9节的表意名称为：雏鹰戏翅、雏鹰振翅、左右开弓、虎虎生威、白蛇吐信、横扫千军、虎啸鹰翔、鸢飞鱼跃、平沙落燕；《英雄少年》9节的表意名称为：顶天立地、野马分鬃、开弓射雕、推山荡海、斜插云霄、青龙返首、云龙入海、龙腾虎跃、大鹏展翅；《功夫青春》9节的表意名称为：怀中抱月、披荆斩棘、开山填海、龙虎相交、野马撞槽、苍龙摆尾、天马饮水、飞燕翱翔、怀中抱月。在练习的过程中，记住每节的名称，有助于记动作。

武术健身操是武术基本功练习与节拍体操结合起来的一种锻炼形式，自1965年创编以来，在甘肃张掖地区推广，并在实践中反复修改，受到锻炼者的欢迎。武术操动作不多，容易学，运动量大于一般广播体操，有较好的健身效果，易于学习和推广。

(一)武术健身操动作素材内容

1. 以武术动作为主要素材，在起势、收势中兼取中国养生术的动作。

2. 武术健身操是徒手动作，其主要内容取自武术动作中的"打、踢、拿、靠、摔"五类基本动作。

3. 根据武术健身操的运动特点，以长拳运动韵律作为武术健身操的基本运动风格。

4. 对选自其他多个拳种及养生功夫的动作，放大了动作幅度，强化了动作节奏。

(二)武术健身操的特点

1. 形态多样，妙趣横生，含有攻防作用。

2. 既能单练，还能通过喂招、拆招的形式进行对练。

3. 具有广播体操相同的健身价值，还有自卫防身的实用价值，以及传承民族文化、弘扬民族精神的社会价值。

(三)武术健身操《英雄少年》图解

"表形"完整动作名称	"表意"完整动作名称
第1节　起　　势	第1节　顶天立地
第2节　抻拉运动	第2节　野马分鬃
第3节　开合运动	第3节　开弓射雕
第4节　踢腿运动	第4节　推山荡海
第5节　侧展运动	第5节　斜插云霄

第 1 节　起　势

(1)第一个八拍：

第 1－2 拍　双掌上托：立正站立，头正身直，目视前方(如图 2-1-1)。两掌上托，同时左脚向左侧开步(如图 2-1-2)，与肩同宽(如图 2-1-3)，两手掌由两侧从下经胸前内旋向上托起，掌心朝上，目视双掌(如图 2-1-4)。

第 3－4 拍　胸前插掌：接上式，两手下落(如图 2-1-5)，经平举(如图 2-1-6)，继续下落，收至胸前叉掌(如图 2-1-7)；两掌下落(如图 2-1-8)，向身体两侧分开，经平举向上(如图 2-1-9)，经腹前向上交叉至胸前(左掌在前)，目视前方(如图 2-1-10)。

图 2-1-1　　　图 2-1-2　　　图 2-1-3　　　图 2-1-4　　　图 2-1-5　　　图 2-1-6

图 2-1-7　　　图 2-1-8　　　图 2-1-9　　　图 2-1-10

第 5－6 拍　双臂斜举：接上式，两掌下落分开(如图 2-1-11)，经腹前向身体两侧分开至侧上举，目视左掌(如图 2-1-12)。

第 7－8 拍　并步按掌：两掌继续上举(如图 2-1-13)，经头上经胸前下按至腹前，左脚向右脚并步，同时头向右摆，目视右侧(如图 2-1-14、2-1-15)。

图 2-1-11　　　　　图 2-1-12　　　　　图 2-1-13　　　　　图 2-1-14　　图 2-1-15

（2）第二个八拍：

第 1—2 拍　双掌上托：接上式（如图 2-1-16），右脚向右侧开步，与肩同宽，两掌外旋经胸前上举（如图 2-1-17），目视两掌，掌心朝上（如图 2-1-18）。

第 3—4 拍　胸前插掌：接上式，两手下落（如图 2-1-19），经平举（如图 2-1-20），继续下落，收至胸前叉掌（如图 2-1-21）。

第 5—6 拍　双臂斜举：接上式（图 2-1-22），两掌下落分开（如图 2-1-23），经腹前向身体两侧分开至侧上举，目视右掌（如图 2-1-24）。

图 2-1-16　　　图 2-1-17　　　图 2-1-18　　　图 2-1-19　　　图 2-1-20　　图 2-1-21

第 7—8 拍　并步按掌：接上式，两掌继续上举（如图 2-1-25），经头上经胸前下按至腹前（如图 2-1-26、2-1-27），右脚向左脚并步，同时头向左摆，目视左侧（如图 2-1-28）。

图 2-1-22　　　　　图 2-1-23　　　　　图 2-1-24　　　　　图 2-1-25

图 2-1-26   图 2-1-27   图 2-1-28

（3）第三个八拍：与第一个八拍动作相同。

（4）第四个八拍：与第二个八拍动作相同。

第 2 节　伸拉运动

（1）第一个八拍：

第 1 拍　丁步抱掌：接上式，两腿屈膝，左脚脚尖点地成丁步，两掌在体前右侧相抱，右掌在胸前，左掌在髋前，掌心相对，目视右侧（如图 2-1-29、2-1-30）。

第 2 拍　弓步分掌：接上式，左脚向左侧上步成左弓步，两臂向外分成一条直线，左掌略高于肩，右掌略低于肩，目视左掌（如图 2-1-31）。

第 3 拍　弓步架按：身体右转由左弓步变换成右弓步，同时右掌从下向上架掌于头部上方，左掌由上向下按至右髋关节前，目视前方（如图 2-1-32）。

第 4 拍　并步抱拳：接上式，身体直立，左脚向右脚并步，同时右掌下落变拳，左掌变拳，两拳抱于腰间，目视前方（如图 2-1-33）。

图 2-1-29   图 2-1-30   图 2-1-31   图 2-1-32   图 2-1-33

第 5 拍　丁步抱掌：两腿屈膝，右脚脚尖点地成丁步，两掌在体前左侧相抱，左掌在胸前，右掌在髋前，掌心相对，目视左侧（如图 2-1-34）。

第 6 拍　弓步分掌：接上式，右脚向右侧上步成右弓步，两臂外分成一条直线，右掌略高于肩，左掌略低于肩，目视右掌（如图 2-1-35）。

第 7 拍　弓步架按：身体左转由右弓步变换成左弓步，同时左掌从下向上架掌于头部上方，右掌由上向下按至左髋关节前，目视前方（如图 2-1-36）。

第8拍　并步抱拳：接上式，身体直立，右脚向左脚并步，同时左掌下落变拳，右掌变拳，两拳抱于腰间，目视前方（如图2-1-37）。

图2-1-34　　　　　　图2-1-35　　　　　　图2-1-36　　　　　　图2-1-37

（2）第二、第三、第四个八拍同第一个八拍。

第3节　开合运动

（1）第一个八拍：

第1拍　开步劈掌：接上式，左脚向左开步，同时左拳变掌由腰间画弧经腹部向右上方至身体左侧劈掌，与肩同高，目视左掌（如图2-1-38、2-1-39）。

第2拍　震脚抄拳：接上式，身体右转90°，右腿屈膝，左脚震脚于右脚内侧；左掌由上向下变拳向上抄击，高与下颌平，右拳变掌拍击左小臂，目视左拳；同时发"哈"声（如图2-1-40）。

第3拍　弓步架推：接上式，身体左转，左脚撤步成左弓步；左拳左侧上方举起，架于头部上方，掌心向上，右掌由左手肘内侧向右推出，掌心向前，目视右掌；同时发"哈"声（如图2-1-41）。

第4拍　并步抱拳：身体重心右移，同时左脚向右脚并步，双掌变拳下落抱于腰间，目视前方（如图2-1-42）。

图2-1-38　　　　　图2-1-39　　　　　　图2-1-40　　　　　　图2-1-41　　　　　图2-1-42

第5拍　开步劈掌：接上式，右脚向右开步，同时右拳变掌由腰间画弧经腹部向左上方至身体右侧劈掌，与肩同高，目视右掌（如图2-1-43、2-1-44）。

第6拍　震脚抄拳：接上式，身体左转90°，左腿屈膝，右脚震脚于左脚内侧；右掌由上向下变拳向上抄击，高与下颌平，左拳变掌拍击右小臂，目视右拳；同时发"哈"声（如图2-1-45）。

第7拍　弓步架推：接上式，身体右转，右脚撤步成右弓步；右拳右侧上方举起，架于头部上方，掌心向上，左掌由右手肘内侧向左推出，掌心向前，目视左掌；同时发"哈"声（如图2-1-46）。

第8拍　并步抱拳：身体重心左移，同时右脚向左脚并步，双掌变拳下落抱于腰间，目视前方（如图2-1-47）。

图2-1-43　　　　图2-1-44　　　　图2-1-45　　　　图2-1-46　　　　图2-1-47

（2）第二、第三、第四个八拍同第一个八拍相同。

第4节　踢腿运动

（1）第一个八拍：

第1拍　弓步推掌：左脚向左前上方45°上步成左弓步，左臂向左格挡后左拳抱拳于腰间，右拳变掌从腰间推出，目视右掌（如图2-1-48、2-1-49）。

第2拍　架掌正踢：左掌架于头上方，掌心朝上，右拳变勾向后勾挂，勾尖朝上；右脚向上正踢，脚尖过腰，目视前方（如图2-1-50）。

第3拍　弓步冲拳：右脚后撤成左弓步，右勾手变拳由腰间向前冲出，高与肩平，左掌变拳收于腰间，目视右拳（如图2-1-51）。

第4拍　并步抱拳：左脚向右并步，两拳抱于腰间，目视前方（如图2-1-52）。

图2-1-48　　　　图2-1-49　　　　图2-1-50　　　　图2-1-51　　　　图2-1-52

第 5 拍　弓步推掌：右脚向右前上方 45°上步成右弓步，右臂向右格挡后右拳抱拳于腰间，左拳变掌从腰间推出，目视左掌（如图 2-1-53）。

第 6 拍　架掌正踢：右掌架于头上方，掌心朝上，左拳变勾向后勾挂，勾尖朝上；左脚向上正踢，脚尖过腰，目视前方（如图 2-1-54）。

第 7 拍　弓步冲拳：左脚后撤成右弓步，左勾手变拳由腰间向前冲出，高与肩平，右掌变拳于腰间，目视左拳（如图 2-1-55）。

第 8 拍　并步抱拳：右脚向左并步，两拳抱于腰间，目视前方（如图 2-1-56）。

图 2-1-53　　　　　　　图 2-1-54　　　　　　　图 2-1-55　　　　　　　图 2-1-56

（2）第二、第三、第四个八拍同第一个八拍。

第 5 节　侧展运动

（1）第一个八拍：

第 1 拍　并步击掌：两手经体侧直臂上举，于头部上方击响，右掌附于左拳背上，脚跟提起（如图 2-1-57）。

第 2 拍　弓步双劈：左脚向左迈出成左弓步，两拳由上向下劈出，高与肩平，目视左拳（如图 2-1-58）。

第 3 拍　侧身斜插：身体右转变成右弓步，右拳变掌向内拦掌后收于左肩前，左拳变掌向右上方插出（如图 2-1-59）。

第 4 拍　并步抱拳：左脚向右并步，两拳抱于腰间，目视前方（如图 2-1-60）。

图 2-1-57　　　　　　图 2-1-58　　　　　　　图 2-1-59　　　　　　图 2-1-60

第 5 拍　并步击掌：两手经体侧直臂上举，于头部上方击响，左掌附于右拳背上，脚跟提起（如图 2-1-61）。

第 6 拍　弓步双劈：右脚向右迈出成右弓步，两拳由上向下劈出，高与肩平，目视右拳（如图 2-1-62）。

第 7 拍　侧身斜插：身体左转变成左弓步，左拳变掌向内拦掌后收于右肩前，右拳变掌向左上方插出（如图 2-1-63）。

第 8 拍　并步抱拳：右脚向左并步，两拳抱于腰间，目视前方（如图 2-1-64）。

图 2-1-61　　　　　　图 2-1-62　　　　　　图 2-1-63　　　　　　图 2-1-64

(2)第二、第三、第四个八拍同第一个八拍。

第 6 节　拧转运动

(1)第一个八拍：

第 1 拍　马步双扎：左脚向左迈出成马步，双拳在腹前交叉（左拳在前）向后两侧弧形砸出，高与肩平，肘微屈；拳心向上，目视左拳；同时发出"嗨"声（如图 2-1-65）。

第 2 拍　胸前合肘：两臂屈肘合于胸前，拳心向内，目视前方（如图 2-1-66）。

第 3 拍　拧身鞭打：身体左转成左弓步，右拳前冲，左拳向后鞭打；两拳皆立拳，两臂基本在一直线上，目视右拳；同时发出"哈"声（如图 2-1-67）。

第 4 拍　并步抱拳：左脚向右并步，两拳抱于腰间，目视前方（如图 2-1-68）。

图 2-1-65　　　　　　图 2-1-66　　　　　　图 2-1-67　　　　　　图 2-1-68

第5拍　马步双扎：右脚向右迈出成马步，双拳在腹前交叉（右拳在前）向后两侧弧形砸出，高与肩平，肘微屈；拳心向上，目视右拳；同时发出"嗨"声（如图 2-1-69）。

第6拍　胸前合肘：两臂屈肘合于胸前，拳心向内，目视前方（如图 2-1-70）。

第7拍　拧身鞭打：身体右转成右弓步，左拳前冲，右拳向后鞭打；两拳皆立拳，两臂基本在一直线上，目视左拳；同时发出"哈"声（如图 2-1-71）。

第8拍　并步抱拳：右脚向左并步，两拳抱于腰间，目视前方（如图 2-1-72）。

图 2-1-69　　　　　图 2-1-70　　　　　图 2-1-71　　　　　图 2-1-72

（2）第二个八拍：

第1拍　马步下切：左脚向左迈出成马步，左拳变掌向左下方切出，高与髋平，目视左掌（如图 2-1-73）。

第2拍　弓步冲拳：身体左转成左弓步，右拳前冲，左掌变拳收于腰间，目视右拳（如图 2-1-74）。

第3拍　拧身盘肘：身体右转成右弓步，左肩于胸前盘肘，右拳收于腰间，目视前方（如图 2-1-75）。

第4拍　并步抱拳：左脚向右并步，两拳抱于腰间，目视前方（如图 2-1-76）。

图 2-1-73　　　　　图 2-1-74　　　　　图 2-1-75　　　　　图 2-1-76

第5拍　马步下切：右脚向右迈出成马步，右拳变掌向右下方切出，高与髋平，目视右掌（如图 2-1-77）。

第6拍　弓步冲拳：身体右转成右弓步，左拳前冲，右掌变拳收于腰间，目视左拳（如图 2-1-78）。

第 7 拍　拧身盘肘：身体左转成左弓步，右肩于胸前盘肘，左拳收于腰间，目视前方（如图 2-1-79）。

第 8 拍　并步抱拳：右脚向左并步，两拳抱于腰间，目视前方（如图 2-1-80）。

图 2-1-77　　　　　　图 2-1-78　　　　　　图 2-1-79　　　　　　图 2-1-80

（2）第三个八拍同第一个八拍。

（3）第四个八拍同第二个八拍。

第 7 节　俯仰运动

（1）第一个八拍：

第 1 拍　开步上托：左脚向左开步，略宽于肩；两掌上下撑出，左掌心向上，右掌心向下，目视左掌（如图 2-1-81①②）。

第 2 拍　俯身右按：上体下俯，左掌按于右脚面，右掌变勾手置于体后，勾尖朝上，目视左掌（如图 2-1-82）。

第 3 拍　俯身左按：身体左转，右勾手变掌按于左脚面，左掌变勾手置于体后，勾尖朝上，目视右掌（如图 2-1-83）。

第 4 拍　并步抱拳：左脚向右脚并步，两拳抱于腰间，目视前方（如图 2-1-84）。

图 2-1-81①　　　　图 2-1-81②　　　　图 2-1-82　　　　　图 2-1-83　　　　　图 2-1-84

第 5 拍　开步上托：右脚向右开步，略宽于肩；两掌上下撑出，右掌心向上，左掌心向下，目视右掌（如图 2-1-85①②）。

第6拍　俯身左按：上体下俯，右掌按于左脚面，左掌变勾手置于体后，勾尖朝上，目视右掌（如图2-1-86）。

第7拍　俯身右按：身体右转，左勾手变掌按于右脚面，右掌变勾手置于体后，勾尖朝上，目视左掌（如图2-1-87）。

第8拍　并步抱拳：右脚向左脚并步，两拳抱于腰间，目视前方（如图2-1-88）。

图2-1-85①　　　图2-1-85②　　　图2-1-86　　　图2-1-87　　　图2-1-88

（2）第二个八拍：

第1拍　弓步推掌：左脚向左迈出成左弓步，左掌向前推出，右拳抱于腰间，目视左掌（如图2-1-89）。

第2拍　虚步下插：左脚后撤半步，前脚掌点地成虚步；左掌变拳收于腰间，右拳变掌向斜下方插出，目视右掌（如图2-1-90）。

第3拍　弓步架推：左脚向左迈出成左弓步，左拳变掌由腰间向前推出，右掌向上架于头部上方，目视左掌（如图2-1-91）。

第4拍　并步抱拳：左脚向右脚并步，两拳抱于腰间，目视前方（如图2-1-92）。

图2-1-89　　　　　图2-1-90　　　　　图2-1-91　　　　　图2-1-92

第5拍　弓步推掌：右脚向右迈出成右弓步，右掌向前推出，左拳抱于腰间，目视右掌（如图2-1-93）。

第6拍　虚步下插：右脚后撤半步，前脚掌点地成虚步；右掌变拳收于腰间，左拳变掌向斜下方插出，目视左掌（如图2-1-94）。

第7拍　弓步架推：右脚向右迈出成右弓步，右拳变掌由腰间向前推出，左掌向上架于头部上方，目视右掌（如图2-1-95）。

第8拍　并步抱拳：右脚向左脚并步，两拳抱于腰间，目视前方（如图2-1-96）。

（3）第三个八拍同第一个八拍。

（4）第四个八拍同第二个八拍。

图2-1-93　　　　　　图2-1-94　　　　　　图2-1-95　　　　　　图2-1-96

第8节　跳跃运动

（1）第一个八拍：

第1拍　跳步前推：两脚向两侧跳开成马步，两拳变虎爪前推，高与肩平，目视前方（如图2-1-97）。

第2拍　跳步抱拳：两脚跳起成并步，两爪变拳抱于腰间，目视前方（如图2-1-98）。

第3拍　跳步侧推：两脚向两侧跳开成马步，两拳变掌由腰间向两侧推出，高与肩平，目视前方（如2-1-99）。

第4拍　跳步抱拳：两脚跳起成并步，两掌变拳抱于腰间，目视前方（如图2-1-100）。

图2-1-97　　　　　　图2-1-98　　　　　　图2-1-99　　　　　　图2-1-100

第5拍　提膝右冲：右脚颠跳，提左膝，右拳冲出，目视右拳（如图2-1-101）。

第6拍　跳步抱拳：左脚落地，右拳收于腰间，目视前方（如图2-1-102）。

第7拍　提膝左冲：左脚颠跳，提右膝，左拳冲出，目视左拳（如图2-1-103）。

第8拍　跳步抱拳：右脚落地，左拳收于腰间，目视前方（如图2-1-104）。

图 2-1-101 　　　　图 2-1-102 　　　　图 2-1-103 　　　　图 2-1-104

（2）第二个八拍：

第 1 拍　跳步前推：两脚向两侧跳开成马步，两拳变虎爪前推，高与肩平，目视前方（如图 2-1-105）。

第 2 拍　跳步抱拳：两脚跳起成并步，两爪变拳抱于腰间，目视前方（如图 2-1-106）。

第 3 拍　跳步侧推：两脚向两侧跳开成马步，两拳变掌由腰间向两侧推出，高与肩平，目视前方（如图 2-1-107）。

第 4 拍　跳步抱拳：两脚跳起成并步，两掌变拳抱于腰间，目视前方（如图 2-1-108）。

第 5 拍　提膝左冲：左脚颠跳，提右膝，左拳冲出，目视左拳（如图 2-1-109）。

第 6 拍　跳步抱拳：右脚落地，左拳收于腰间，目视前方（如图 2-1-110）。

第 7 拍　提膝右冲：右脚颠跳，提左膝，右拳冲出，目视右拳（如图 2-1-111）。

第 8 拍　跳步抱拳：左脚落地，右拳收于腰间，目视前方（如图 2-1-112）。

图 2-1-105　　　　图 2-1-106　　　　图 2-1-107　　　　图 2-1-108

图 2-1-109　　　　图 2-1-110　　　　图 2-1-111　　　　图 2-1-112

（3）第三个八拍同第一个八拍。

（4）第四个八拍同第二个八拍。

第9节　收势

（1）第一个八拍：

第1拍　开步前举：左脚向左开步，两臂经体侧向上提起至胸前，掌心向下，目视前方（如图 2-1-113）。

第2拍　屈膝下按：重心下降，双掌下按至腹前，两腿屈膝，目视前方（如图 2-1-114）。

第3拍　两臂侧举：重心上提，两臂经两侧向上提起，高与肩平，掌心向下，目视前方（如图 2-1-115）。

第4拍　屈膝下按：重心下降，双掌向前、向下按至腹前，两腿屈膝，目视前方（如图 2-1-116）。

图 2-1-113　　　　图 2-1-114　　　　　图 2-1-115　　　　　图 2-1-116

第5拍　提膝平展：重心上提，提左膝，两臂向上抬至身体两侧，稍高于肩，目视前方（如图 2-1-117）。

第6拍　双臂下捧：重心下降，左脚落地踏实，两腿微屈，两臂下落于腹前，掌心向上（如图 2-1-118）。

第7拍：提膝侧展：重心上提，提右膝，两臂上抬至身体两侧，稍高于肩（如图 2-1-119）。

第8拍　并步直立：右脚落地，两臂下落至身体两侧，目视前方（如图 2-1-120）。

图 2-1-117　　　　图 2-1-118　　　　　图 2-1-119　　　　　图 2-1-120

（2）第二个八拍：

第1拍　开步前举：右脚向右开步，两臂经体侧向上提起至胸前，掌心向下，目视前方（如图2-1-121）。

第2拍　屈膝下按：重心下降，双掌下按至腹前，两腿屈膝，目视前方（如图2-1-122）。

第3拍　两臂侧举：重心上提，两臂经两侧向上提起，高与肩平，掌心向下，目视前方（如图2-1-123）。

第4拍　屈膝下按：重心下降，双掌向前、向下按至腹前，两腿屈膝，目视前方（如图2-1-124）。

图2-1-121　　　　图2-1-122　　　　　　图2-1-123　　　　　　图2-1-124

第5拍　提膝平展：重心上提，提右膝，两臂向上抬至身体两侧，稍高于肩，目视前方（如图2-1-125）。

第6拍　双臂下捧：重心下降，右脚落地踏实，两腿微屈，两臂下落于腹前，掌心向上（如图2-1-126）。

第7拍：提膝侧展：重心上提，提左膝，两臂上抬至身体两侧，稍高于肩（如图2-1-127）。

第8拍　并步直立：左脚落地，两臂下落至身体两侧，目视前方（如图2-1-128）。

图2-1-125　　　　图2-1-126　　　　图2-1-127　　　　图2-1-128

（3）第三个八拍同第一个八拍。

（4）第四个八拍同第二个八拍。

抱拳礼：两臂斜前45°上举，左掌掌心贴右拳拳面于胸前环抱，左掌掌指朝上，右拳拳心向下，目视前方（如图 2-1-129）。两臂回落于体侧，目视前方。

图 2-1-129

第二节　武术基本功和基本动作

武术基本功和基本动作是学习一切武术动作的基础。通过基本功和基本动作的练习，身体各部位可以得到比较全面的锻炼，并能较快地发展武术运动的专项身体素质，为学习拳术和器械套路，提高技术水平打下良好的基础。

经常进行基本功和基本动作练习，能增强各个关节、韧带的柔韧性和灵活性，提高肌肉的控制能力和必要的弹性。原地和腾空的各种旋转动作练习，能提高前庭分析器的机能，这对提高动作质量，防止或减少练习中的伤害事故都起到重要作用。

一、柔韧练习

通常做压腿动作来加强柔韧练习。压腿主要是拉长腿部的肌肉和韧带，加大髋关节的活动范围。压腿常用正压、侧压和后压。

1. 正压腿

面对肋木或一定高度的物体，并步站立。左腿提起，脚跟放在肋木上脚尖勾起，踝关节屈紧，两手扶按膝上，两腿伸直，立腰，收髋，上体前屈并向前，向下做压振动作，练习时，左右腿交替进行（如图 2-2-1）。

2. 侧压腿

面对肋木或一定高度的物体，并步站立。左腿提起，脚跟放在肋木上脚尖勾起，踝关节屈紧，右支撑脚向右转 90°，右手在头上成撑掌，左手屈于右腋下，两腿伸直，立腰，上体侧屈，并向侧做压振动作，练习时，左右腿交替进行（如图 2-2-2）。

3. 后压腿

背对肋木或一定高度的物体，并步站立。左腿向后摆起，放在肋木上，脚面绷紧，双手叉腰，两腿伸直，上体后屈，并向后做压振动作，练习时，左右腿交替进行（如图 2-2-3）。

图 2-2-1　　　　　　　　图 2-2-2　　　　　　　　图 2-2-3

4. 仆步压腿

两腿左右开立，右腿屈膝全蹲，全脚掌着地，左腿挺膝伸直，脚尖里扣，然后两手分别抓握两脚外侧，成左仆步（如图 2-2-4），接着右脚蹬地，右腿伸膝，重心左移，左膝弯曲，转成右仆步，练习时，左右步可以交替进行（如图 2-2-5）。

图 2-2-4　　　　　　　　　　图 2-2-5

二、基本手型手法

手型是指武术技术中上肢进攻和防守时手的形状。手法是指武术技术中上肢进攻和防守时上肢的运动方法。手型按其形态可分为拳、掌、勾、爪等，手法按其作用可分为进攻和防守两类。

（一）基本手型

1. 拳

（1）动作方法：五指弯曲，拇指压在食指和中指上，握紧，拳心不空。拳面保持为一个平面，拳眼向上为立拳，拳心向下为平拳（如图 2-2-6）。

（2）要点提示：拳握紧，拳面平，直腕。

（3）学练方法提示：可进行抱拳、冲拳、架拳练习，逐步感受拳的攻防含义。

2. 掌

(1)动作方法：四指伸直，拇指曲或外展，成"掌"，手臂伸直，手掌背曲力达掌根。拇指弯曲紧扣于虎口处为柳叶掌，拇指外展为八字掌(如图2-2-7)。

(2)要点提示：四指并拢伸直，小指侧朝前。

(3)学练方法提示：可进行推掌、插掌、架掌练习，逐步感受掌的攻防含义。

3. 勾

(1)动作方法：手腕曲，五指伸直，指尖"抓"在一起，形成"勾"的形状(如图2-2-8)。

(2)要点提示：尽力屈腕，五指捏紧。

(3)学练方法提示：练习时以腕关节发力，力达指尖。可进行左右勾手练习，或与拳、掌相结合进行练习，体会勾手与拳、掌在武术动作中的搭配和攻防含义。

4. 爪

(1)动作方法：立掌背伸，五指弯曲内抓(如图2-2-9)。

(2)要点提示：掌指要弯曲紧扣。

(3)学练方法提示：练习时腕关节和五指用力，力达指尖。

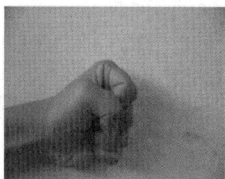 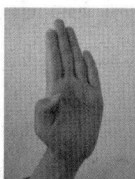  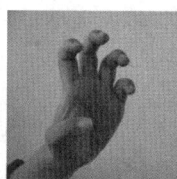

图 2-2-6　　　　　图 2-2-7　　　　　图 2-2-8　　　　　图 2-2-9

(二)基本手法

1. 冲拳

分平拳和立拳两种。平拳拳心向下，立拳拳眼向上。

(1)预备姿势：两脚左右开立，与肩同宽，两拳抱于腰间，肘尖向后，拳心向上(如图2-2-10)。

(2)动作说明：挺胸，收腹，直腰，右拳从腰间向前猛力冲出，转腰、顺肩，在肘关节过腰后，右前臂内旋。力达拳面，臂要伸直，高与肩平，同时左肘向后牵拉。练习时，可左右交替进行(如图2-2-11、2-2-12)。

2. 推掌

(1)预备姿势，与冲拳同(如图2-2-13)。

(2)动作说明：左拳变掌，前臂内旋，并经掌根为力点向前猛力推出。推掌时要拧腰、顺肩，臂要伸直，高与肩平，同时右肘向后牵拉。练习时，左右可交替进行(如图2-2-14、

图 2-2-15）。

| 图 2-2-10 |  图 2-2-11 |  图 2-2-12 |  图 2-2-13 |  图 2-2-14 |  图 2-2-15 |

（3）要求与要点：挺胸，收腹，直腰，出掌要快速有力，有寸劲，同时还要做好拧腰、顺肩、沉腕、跷掌动作。

三、基本步型

1. 弓步（如图 2-2-16）

（1）动作说明：左向前一大步（为本人脚长的 4～5 倍），脚尖微内扣，左腿屈膝半蹲（大腿接近水平），膝与脚尖垂直。右腿挺膝伸直，脚尖内扣（斜向前方），两脚全掌着地。上体正对前方，眼向前平视，两手抱拳于腰间，弓右腿为右弓步，弓左腿为左弓步。

（2）要求与要点：挺胸，直背，塌腰。

2. 马步（如图 2-2-17）

（1）动作说明：两脚平行开立（约为本人脚长的 3 倍），脚尖正对前方，屈膝半蹲，臀部不超过脚尖，挺胸抬头塌腰，大腿接近水平，全脚掌着地，身体重心落于两腿之间，两拳抱于腰间。

（2）要求与要点：挺胸，塌腰，沉髋；前脚弓，后脚绷，后脚不得拔跟、掀掌。

| 图 2-2-16 |  图 2-2-17 |

3. 仆步（如图 2-2-18、2-2-19）

（1）动作说明：全蹲，一腿的大腿和小腿靠紧，臀部接近小腿，全脚掌着地，小腿与脚尖稍外展；另一腿水平接近地面，全脚掌着地，脚尖内扣。

（2）要求与要点：挺胸，塌腰，沉髋。

图 2-2-18    图 2-2-19

4. 虚步(如图 2-2-20、2-2-21)。

(1)动作说明：后腿脚尖斜向前，屈膝半蹲，大腿接近水平，全脚掌着地；前腿微屈，脚面绷紧，脚尖内侧虚点地面。

(2)要求与要点：挺胸，塌腰，虚实分明。

图 2-2-20    图 2-2-21

5. 歇步(如图 2-2-22、2-2-23)

(1)动作说明：两腿交叉屈膝全蹲，全脚掌着地，脚尖外展，后脚跟离地，臀部外侧紧贴后小腿。

(2)要求与要点：挺胸，塌腰，两脚靠拢贴紧。

图 2-2-22    图 2-2-23

四、基本腿法

(一)直摆性腿法

踢腿时膝关节始终保持伸直的腿法称为直摆性腿法。

1. 正踢腿

(1)预备姿势：两脚并立，两手立掌或握拳，两臂侧平举(如图 2-2-24)。

(2)动作说明：左脚向前上半步，左腿支撑，右脚脚尖勾起向前额处猛踢，两眼向前平视，练习时左右腿交替进行(如图 2-2-25①②)。

（3）要求与要点：挺胸，直腰，踢腿时，脚尖勾起绷落或勾落，收髋猛收腹，踢腿过腰后加速，要有寸劲。

图 2-2-24　　　　　　图 2-2-25①　　　　　　图 2-2-25②

2. 侧踢腿

（1）预备姿势：两脚并立，两手立掌或握拳，两臂侧平举（如图 2-2-26）。

（2）动作说明：右脚向前上半步，脚尖外展，左脚脚跟稍提起，身体略右转，随即，左腿挺膝，勾脚向左耳际侧踢起（上体右转至 90 度），同时右臂经后举、屈肘上举亮掌，左臂经前伸、屈肘立掌于右肩前，眼向前平视，练习时左右腿交替进行（如图 2-2-27）。

（3）要求与要点：挺胸，立腰，开胯，侧身，猛收腹。

图 2-2-26　　　　　　　　　　　图 2-2-27

3. 外摆腿

（1）预备姿势：两脚并立，两手立掌或握拳，两臂侧平举（如图 2-2-28）。

（2）动作说明：左脚向右方上半步，左脚尖勾紧，向右侧上方踢起，经面前向左侧上方摆动，直腿落在右腿旁。眼向前平视。左掌可在左侧上方击响也可不做击响，练习时左右腿交替进行（如图 2-2-29、2-2-30、2-2-31）。

（3）要求与要点：挺胸，直腰，松髋，外摆幅度要大，成扇形。

图 2-2-28　　　　图 2-2-29　　　　图 2-2-30　　　　图 2-2-31

4. 里合腿

(1)预备姿势：两脚并立，两手立掌或握拳，两臂侧平举(如图2-2-32)。

(2)动作说明：右脚向右前方上半步，左脚脚尖勾起时里扣并向左上方扬起，经面前向右侧上方直腿摆动，落于右脚外侧，右手掌可在右侧上方迎击左脚掌(击响)也可不做击响动作，眼向前平视，练习时，左右腿交替进行(如图2-2-33、2-2-34、2-2-35)。

(3)要求与要点：挺胸，直腰，松髋，合胯，里合幅度要大并成扇形。

图 2-2-32　　　　图 2-2-33　　　　图 2-2-34　　　　图 2-2-35

(二)屈伸性腿法

踢腿时膝关节由屈到伸的腿法称为屈伸性腿法。

1. 弹腿

(1)预备姿势：两腿并立，两手叉腰(如图2-2-36)。

(2)动作说明：右脚屈膝提起，大腿与腰平，右脚绷直，提膝接近水平时，要迅速猛力挺膝，向前平踢(弹击)，力达脚尖，大腿与小腿成一直线，高与腰平，左腿伸直或微屈支撑，两眼平视(如图2-2-37、2-2-38)。

(3)要求与要点：挺胸，直腰，脚面绷直，收髋，弹击要有寸劲(即爆发力)。

2. 蹬腿

(1)预备姿势：两腿并立，两手收抱于腰间，拳心向上(如图2-2-39)。

(2)动作说明：与弹腿同，唯脚尖勾起，力点达于脚跟(如图2-2-40、2-2-41)。

(3)要求与要点：练习步骤、易犯错误和纠正方法均与弹腿同，唯强调勾脚尖。

图 2-2-36　　　　　图 2-2-37　　　　　图 2-2-38

图 2-2-39

图 2-2-40

图 2-2-41

3. 侧踹腿

(1)预备姿势：两脚并立，两拳握于腰间（如图 2-2-42）。

(2)动作说明：两腿左右交叉，右（左）腿在前，稍屈膝，随即右（左）腿伸直支撑，左（右）腿屈膝提起，左（右）脚尖里扣，脚跟用力向左（右）侧上方踹出，高与肩平，上体向右（左）侧倒，目视左（右）侧，练习时左右可交替进行（图 2-2-43、图 2-2-44）。

(3)要求与要点：挺膝，开髋，猛踹，脚外侧朝上，力达脚跟。

图 2-2-42

图 2-2-43

图 2-2-44

四、跳跃动作

跳跃动作是基本动作练习的组成部分之一。一般常见的跳跃动作有腾空飞脚、旋风脚、腾空摆莲、侧空翻、旋子转体等。随着竞技武术的发展，跳跃动作在旋转的度上有的已达到 720°。本书出于学校武术教学考虑，只介绍旋转 360°的动作。

（一）腾空飞脚

1. 预备姿势：并步挑掌站立。

2. 动作说明：双腿并步成丁字步站立，双臂侧平举挑掌，左脚上前一步身体重心前移，右脚向左脚前交叉上步，同时双臂经两侧向上向下于胸前交叉，左脚随势上前一步，双脚同时蹬地向上跳起成击步，同时双臂由下向两侧打开至侧平举，右脚、左脚依次落地，右脚上步蹬地跳起直腿上摆，左脚摆腿屈膝收于胸前，同时右手由后向下向上至额前与左掌击响后，快速拍击右脚背，左掌迅速向左后侧分开，与右臂成约 90°夹角。动作完成后，右脚或双脚落地(如图 2-2-45、2-2-46、2-2-47、2-2-48、2-2-49、2-2-50、2-2-51、2-2-52)。

| 图 2-2-45 | 图 2-2-46 | 图 2-2-47 | 图 2-2-48 |

| 图 2-2-49 | 图 2-2-50 | 图 2-2-51 | 图 2-2-52 |

3. 要求与要点:

(1)右腿在空中摆踢时,脚高必须过胸,左腿在击响的一瞬间,屈膝收控于胸前。

(2)在腾空的最高点完成击响动作。拍击动作必须连续、准确、迅速、响亮。

(3)在空中,上体正直,微向前倾,不要坐臀。

4. 练习步骤:

(1)拍脚练习,练习方法可以原地进行,也可以行进间进行。

(2)行进间的起跳控左腿练习。

(3)右腿蹬地起跳,左腿屈膝摆起,同时两臂上摆并在头上击响的踏跳练习。

(4)上一步或加三步助跑的完整动作练习。

5. 易犯错误:

(1)右脚蹬伸与左脚摆腿脱节,动作不协调。

(2)起跳后,上体过于前俯,坐、放时重心下坠。

6. 纠正方法:

(1)可多做分解练习,多做练习步骤(3)的动作。

(2)在练习中强调上体正直,在此基础上降低腾空高度,待正确动作形成后,再提高腾空高度,完成空中造型。

(二)旋风脚

1. 预备姿势:并步推掌(如图 2-2-53)。

2. 动作说明:由并步推掌开始,右脚前交叉上步,同时右拳变掌由后向前盖掌,左手变拳收于腰间后向前推掌，右手随即收腰间，左脚随势上步，蹬地跳起成击步，左脚随之落地脚尖稍外摆，上体左转 90°，右脚随转体扣步落地，双臂随之向右上摆起，右脚蹬地，右腿屈膝蹬地跳起，左腿提摆起收于胸前，上体向左上方翻转，同时两臂由下向左上方抡摆，身体旋转 360°，右腿做里合腿，左手在额前拍击右脚掌，左腿自然下垂（如图 2-2-54、2-2-55①②、2-2-56、2-2-57）。

图 2-2-53　　　　　　　图 2-2-54　　　　　　　图 2-2-55①　　　　　　图 2-2-55②

图 2-2-56　　　　　　　　　图 2-2-57

3. 要求与要点：

(1)起跳前上体不可过分前俯，以立腰为好。

(2)右腿做里合腿时，要贴近身体；摆动时，膝伸直，由外向里成扇形。

(3)击响点要靠近额前，左腿可自然下垂也可屈膝收腿。

4. 练习步骤：

(1)原地的或行进间的里合腿转体 270°至 360°击响练习。

(2)不加腿法的抡臂转体跳转 360°的"翻身跳"练习。

(3)跳起的转体 90°的击响练习。逐步增加转体 180°、270°、360°的练习。

5. 易犯错误：

(1)上下脱节，转体角度不够，动作不协调。

(2)起跳后，两腿摆动时屈膝，坐髋。

(3)跳起后上体后仰。

6. 纠正方法：

(1)多做转体 360°的"翻身跳"练习；在不加腿法的"翻身跳"练习中，要求上下肢协调，提高身体的旋转能力。

(2)可多做"转身左外摆右里合"的腿法练习，在练习中强调伸膝的正确姿态。

(3)在"提左膝、右腿单脚跳转360°"的练习中，加强锻炼上体直立、头部上顶的能力。

(三)腾空外摆莲

1. 预备姿势：并步挑掌(如图2-2-58)。

2. 动作说明：由并步挑掌开始，双脚并成丁字并步，同时右臂向前、向上挑掌，左臂后摆至体后，同时右臂向上、向后、向下、向前环绕一周于身前挑掌，高于肩平，掌指朝上；左臂向前、向上、向后绕环抡摆至身后比肩稍高成勾手。两肩随两臂转动，上体挺胸、直腰、顺肩，双眼随右掌转视前方，左脚向前进半步，右脚随之向前进一大步，脚尖外展，屈膝略蹲，在上右步的同时，右掌弧形回收至腰间，左臂由后经上摆至头前上方，右腿蹬伸上跳，左脚屈膝提起收扣于身前，身体腾空，在跳起的同时，右臂经左臂向内侧向上弧形斜上举，左臂顺势摆向身后，两眼随右掌转视左侧，头部左转，右肩前顺，右脚落地，同时右臂顺势下落，左臂前摆，右脚蹬地跳起，同时左腿向右上方里合踢摆，两手于额前击响，上体向右旋转，身体腾空，右腿外摆，两手先左后右地拍击脚面，左腿屈膝或直腿控于左侧，上体微前倾，两眼随视两手。在空中击响时，左腿可伸直分开摆动，控于体侧(如图2-2-59、2-2-60、2-2-61、2-2-62、2-2-63①②、2-2-64)。

图2-2-58　　　　　图2-2-59　　　　　图2-2-60　　　　　图2-2-61

图2-2-62　　　图2-2-63①　　　图2-2-63②　　　　图2-2-64

3. 要求与要点：

(1)上步要成弧形，右脚踏跳时，注意脚尖外展和屈膝微蹲。

(2)上跳时，左腿注意里合控腿。

(3)右腿外摆要成扇形，上体微前倾，要靠近额前击响；两手先左后右拍击右脚面，击响要准确响亮。

(4)在击响的一瞬间，左腿屈膝收控于右腿内侧或伸膝外展至身体左侧。

(5)在完成动作过程中，要注意起跳、拧腰、转体，里合左腿与外摆右腿等动作要紧密协调。

4.练习步骤：

(1)原地的和行进间的外摆腿练习。

(2)进右步—左腿里合—向右转身—右腿外摆的组合练习。

(3)上右步起跳，扣摆左腿，两手头上击响的向右转体360°的"转体跳"练习。

(4)跳起后转体90°，逐渐做到转体180°，转体270°。

5.易犯错误：

(1)转体不够。

(2)击响不准。

(3)右腿外摆幅度小，左腿不能里合收扣。

6.纠正方法：

(1)可多做向右后转体360°的"转体跳"练习。

(2)可多做外摆腿练习。

(3)在外摆腿练习中提高开幅度，在"转体跳"的练习中，解决左腿的里合收问题。

(四)旋子

1.预备姿势：双手额前击掌站立(如图 2-2-65)。

2.动作说明：由开立步站立开始，身体重心置于右脚，双手右上方额前击掌开始，左脚上步，双臂向前摆动，右脚上步，上体左转90°，左脚向右脚后方插步，左臂收至额前，右臂置于体侧，以腰发力，上体向下向左摆动，身体平俯左转，与地面保持平行，左脚蹬地跳起，同时两臂伸直随身向左后摆动；右腿后擦上摆，左翻随之离地，两腿随身向左平旋。右脚先落地，左脚随之落地(如图 2-2-66、2-2-67、2-2-68、2-2-69、2-2-70、2-2-71)。

3.要求与要点：挺胸、抬头，身体成水平旋转，两腿要高过水平。

图 2-2-65　　　图 2-2-66　　　　　图 2-2-67　　　　　　图 2-2-68

图 2-2-69　　　　　　　　图 2-2-70　　　　　　　　图 2-2-71

4. 练习步骤：

(1)以左腿为支撑保持燕式平衡的姿势，原地向左旋转360°。

(2)在教师或同伴保护与帮助下体会动作要领。

(3)逐步减少帮助，脱离保护。

5. 易犯错误：

(1)平旋时，空中造型做不出来。

(2)旋转速度慢，转度不够360°。

(3)腾空高度不够。

6. 纠错方法：

(1)除了强调抬头、挺胸、背脊收缩等要领外，还可以通过俯卧做背弓(即两头翘)的练习来形成姿势的定型。

(2)可以通过原地向左后方平甩两臂的练习和增强燕式平衡旋转能力的练习来改正。

(3)强调上体前俯时不要压得过低，当蹬地时要积极抬头，腿向后上方撩起。

(五)侧空翻

1. 预备姿势：自然站立开始。

2. 动作说明：左脚蹬地，右腿由后向上摆起，身体向前向下，在空中做向左侧翻动作。右脚先落地，左脚随之落地(如图 2-2-72、2-2-73、2-2-74、2-2-75)。

图 2-2-72　　　　　　　图 2-2-73　　　　　　　图 2-2-74　　　　　　　图 2-2-75

3. 要求与要点：空翻时右腿后撩要快，两腿于空中展开并伸直。

4.练习步骤：

(1)先做侧手翻，提高摆腿速度。

(2)在教师或同伴的保护和帮助下体会动作要领，然后逐步脱离保护。

5.易犯错误：

(1)摆腿不直，速度不快。

(2)左脚蹬地无力，腾空不高。

6.纠错方法：

(1)除了强调伸后腿外，主要通过侧手翻步加快摆速。

(2)强调蹬地时踝、膝、髋迅速伸直，充分发挥蹬地的反作用力，高腾空高度。强调"留肩"练习，即在空翻时将肩部尽力保持在一定高度。

(六)旋子转体(参考)

1.预备姿势：自然站立开始。

2.动作说明：由站立开始，左手向前展开，同时左脚上步脚尖外撇，右脚前上步，上体随势左转180°，双臂左右打开，双腿成开立步，然后左脚向右脚后方插步，上体随势前倾，左臂屈肘于额前，身体重心置于右脚，以腰发力，上体向下向左后摆动，双臂向左向后摆动，身体重心移至左脚，左脚用力向下蹬地，同时右脚由髋部带动向后向上方提撩，脚尖绷平，以髋部带动身体腾空，右脚与上体成水平，并与地面平行，左脚快速向右脚并拢，同时，左臂屈肘于额前上方，掌心向外，右臂快速向左腋穿插，掌心向内，上体随势做逆时针转体动作，双腿并拢伸直随势转动360°；右脚先触地支撑，左脚随势落于右脚后方，上体立腰抬头。

3.要求与要点：

(1)上步动作要上下肢连贯协调。

(2)腾空时以髋部带动右腿上抬，保持腾空高度。

(3)在腾空的瞬间左脚快速向右脚并拢。

(4)左臂上抬的同时，快速向左腋下穿插，逆时针转头转肩；转体360°完成后，右脚落步支撑，上体要求快速立腰抬头。

4.练习步骤：

(1)原地跳起360°转体练习。

(2)右腿后摆抬髋练习。

5.易犯错误：

(1)在做转体时上体没有与地面平行。

（2）身体转速不够。

（3）摆腿高度不够。

6.纠错方法：

（1）前俯身后摆腿练习。

（2）原地跳起快速转体练习。

（3）后摆腿抬髋练习。

五、五种步型的组合动作(简称《五步拳》)

(一)动作名称

预备姿势(并步抱拳)，1.拗弓步冲拳，2.弹踢冲拳，3.马步架打，4.歇步盖打，5.提膝仆步穿掌，6.虚步挑掌；收势(并步抱拳)。

(二)动作说明

预备姿势——并步抱拳(如图2-3-1)。

1.拗弓步冲拳：左脚向左迈出一步，成左弓步，同时左手向左平搂并收回腰间抱拳，右拳向前直冲成平拳，目视前方(如图2-3-2)。

2.弹踢冲拳：接上动重心前移，右腿向前弹出，高度齐腰，同时左拳由腰间向前直冲成平拳，右拳收回腰间，目视前方(如图2-3-3)。

3.马步架打：接上动右脚落地，随即体左转90°，两腿下蹲成马步，同时左拳变掌，屈臂上架，右拳由腰间向右冲成平拳，头右转，目视右前方(如图2-3-4)。

图 2-3-1   图 2-3-2   图 2-3-3   图 2-3-4

4.歇步盖打：接上动左脚向右脚后插一步，同时右拳变掌经头上向左下盖，高与胸齐，掌外沿向前，体左转90°，左掌收回腰间抱拳，目视右掌(如图2-3-5)。动作不停，两腿屈膝下蹲成歇步，同时左拳向前冲出成平拳，右掌变拳收回腰间。目视左拳(如图2-3-6)。

5.提膝仆穿掌：接上动两腿起立，体左转。随即左拳变掌，手心向下，右掌，手心向上，由左手背上穿出同时左屈膝提起，左手顺势收至右腋下，目视右手(如图2-3-7)。左脚落地成仆步，左手掌指朝前沿左腿内侧穿至左脚面，目视左掌(如图2-3-8)。

图 2-3-5 　　　　　图 2-3-6 　　　　　图 2-3-7 　　　　　图 2-3-8

6. 虚步挑掌：左腿屈膝前弓，右脚蹬地向前上步，成右虚步，同时左手向上、向后画弧成正臂勾手，勾顶略高于肩，右手由后向下、向前顺右腿外侧向上挑掌，掌指向上，高与鼻平，目视前方（如图 2-3-9）。

收势（并步抱拳）：重心前移，体左转 90°，随即左脚向右脚靠拢，成并步，同时左钩手和右掌变拳，回收抱于腰间，目向前视（如图 2-3-10）。继续练习，动作相同，方向相反。

图 2-3-9 　　　　　图 2-3-10

（三）要求与要点

五步拳是结合长拳的主要步型、步法和手型、手法编成的组合练习，动作的要求与要点均与长拳的相同。

思考题

1. 名称解释：武术健身操、抱拳礼动作、直摆性腿法、屈伸性腿法。
2. 简述武术健身操动作素材内容。
3. 简述武术健身操的特点。
4. 简述武术基本功和基本动作的作用。

参考文献

1.《武术训练教材》编写组. 全国武术训练教材（上、下册）[M]. 北京：北京体育学院出版社，1991.

2. 全国体育学院教材委员会. 武术（上、下册）[M]. 北京：人民体育出版社，1991.

3. 全国体育院校教材委员会. 中国武术教程(上、下册)[M]. 北京：人民体育出版社，2004.

4. 蔡仲林，周之华. 武术(第三版)[M]. 北京：高等教育出版社，2000.

5. 左文泉，肖作洪，杨庆辞. 武术[M]. 北京：北京师范大学出版社，2011.

编者简介：

1. 任鹏，男，硕士研究生，民族传统体育专业，教育学硕士学位，讲师。研究方向：民族传统体育学；研究特长：国学、传统养生。

2. 子莲鹰，女，大学本科，体育教育专业，教育学学士学位，副教授。研究方向：体育教学与训练；研究特长：武术与少数民族传统体育研究。长期从事高校武术课程教学和武术非物质文化遗产的传承和保护工作，发表相关论文 10 余篇，相关课题 3 项，参与编写教材 4 部。

第三章
武术教学

📖 内容提要

本章介绍了武术教学的特点、武术教学方法的运用、武术教学应注意的问题及要求，并对武术套路教学与训练、散打教学与训练、武术自学自练、武术课教学设计、武术教学评价进行了说明。

📖 学练目标

1. 了解武术教学的特点、方法及评价。

2. 具备武术教学、训练的能力，熟悉评价、评判的方法。

武术教学是师生为完成一定的武术教学任务而共同参与的活动；是一个由教师指导、学生练习，在对学习效果及时评价的基础上再指导、再练习，不断提高的活动过程。武术教学要结合学校的场地器材条件、学生的实际水平、武术的特点及教学规律，正确选择与灵活运用武术教学方法，重视对学生进行尚武崇德、内外兼修的教育，培养学生诚信正直、谦和忍让、见义勇为的品格，强烈的民族自豪感和不断超越的竞争意识，从而使学生形成良好的习武品质和习武观念。

第一节　武术教学特点

一、重视尚武崇德的思想教育

尚武崇德贯穿于武术教学的全过程。"尚武"是指倡导和参与武术锻炼，强身健体，自强不息。"崇德"是指推崇道德修养，诚信正直，谦和忍让，见义勇为。武术教学要结合武术的特点及教学规律，重视对学生进行尚武崇德的思想教育，明确习武目的，端正学习动机；培养学生虚心好学、苦练不辍的学风，抵制好勇斗狠、恃强凌弱等恶习的侵蚀；发扬尊师爱生的优良传统品质，加强遵纪守法的道德教育，培养强烈的民族自豪感和民族精神。

二、注重内外兼修，提高演练技巧

内外兼修是武术教学的中心。武术套路内外兼修是指在套路演练中对劲力、协调性以及内在精气神的表现能力。它要求演练时用力顺达，力点准确，手法、眼法、身法、步法协调一致，通过准确有力的外在动作，把内在的意识表现出来。"外练筋骨皮，内练一口气"，都是为体会"神形兼备"和"内外合一"的演练技巧。在教学中教师应要求学生动作工整、准确，突出劲力和武术精神，努力做到心动形随、形断意连、内外合一、神形兼备。

三、注重直观教学，以口授身传为主

口授身传是武术教学的基本原则。口授是教师通过语言描述动作细节，指出动作的关键技术环节，提示动作的技法要领；身传是教师通过示范，使学生直接地看到动作形象，按形模仿。在武术教学实践中，武术套路技术动作多，方向多变，且大多数动作不对称，学生练习武术套路时常常出现忘动作、忘路线、前后衔接不连贯、节奏不分明等问题。教师既可直观演练，语言提示动作细节，也可通过各种技术录像或光碟进行教学，使学生建立正确的感性认识。

四、结合攻防动作讲解示范

在武术教学中，教师不能只强调动作规格，而是要在传授武术技法时，将其攻防含义渗透进去，使学生明确动作的技击意义。在教学中可以根据学生的实际情况进行武术对练，帮助学生正确掌握动作和培养攻防意识。

五、强调动作规范，突出不同套路风格

不同的武术组合或套路，表现风格各异，规范地掌握这些组合或套路，才能表现武术技术特点。在武术教学中，当学生初步掌握动作后，教师要进一步要求学生动作符合规范，突出劲力和精神，力求内外合一，表现出不同的组合或套路的风格特色来。

第二节　武术教学方法

一、指导法

（一）讲解

在武术教学中，讲解是对武术动作技术的概念原理和方法进行解释、分析和论证，它是武术教学中最主要、最经常使用的一种方式。

1. 讲解的要求

（1）讲解要抓住武术教材关键，突出重点、难点。武术教师在讲解时要根据武术的教学内容和要求，在认真钻研武术教材的基础上，抓住武术动作的关键所在，对武术技术动作的重点环节力求讲得透彻，讲在点子上，使学生明确技术的关键，以便牢固掌握。

（2）讲解要准确、生动、形象。武术教师讲解要准确，具有科学性，用最精练的语言（术语）和口诀、最短的时间把武术技术动作的概念、要领直观形象地讲明白，使学生一听就懂，便于理解、记忆。

（3）讲解要有针对性。武术教师要掌握武术教材的重点、难点以及学生的实际情况，针对所要解决的问题进行讲解，要根据武术动作学习的三个不同阶段有侧重和区别地进行讲解。在粗略掌握武术动作阶段，主要使学生明确武术动作的意义、结构、要领和方法，对武术动作的细节暂不过多要求。在改进与提高武术动作阶段，主要是对武术动作技术分析和正误对比，找出产生错误动作的原因与改进方法。在巩固武术动作阶段，主要是提出武术动作的重点和难点，以便改进武术动作的细节。

(4)讲解要突出武术攻防意义。在武术教学中，教师不能只是讲解武术动作规格，这样会使学生感到武术枯燥乏味，而是要在教授武术技法时，将其攻防含义渗透进去，使学生在熟悉武术动作攻防含义及方法技巧的前提下学习武术。例如，在学习太极拳中的"白鹤亮翅"时，加上音乐伴奏和攻防意义的学习，不仅会大大提高学生的积极性，而且为学生学习攻防实战打下良好的基础。

2.讲解的内容

(1)基本技法：指武术动作中经常出现的有规律性的技巧和方法。例如，拳收到腰际抱拳时总是拳心向上，而冲拳、推掌总是要求拧腰、顺肩。

(2)动作规格：讲解动作规格可使学生明确动作标准，有助于技术的掌握和提高。

(3)攻防意义：使学生明确动作的实质，有助于学生准确理解、掌握动作要领和使用方法。

(4)关键环节：讲解掌握动作的关键所在，能帮助学生较快地学会动作。

(5)易犯错误：对易犯错误的动作进行讲解，可以防止此类错误的再次发生。

3.讲解的方法

(1)术语化讲解：指运用动作名称和武术术语进行讲解。动作名称是根据动作的结构、形象和运动方法而取名的。一般能表达动作的全貌，如"弓步冲拳""马步架打"等。顺序上一般先讲下肢，再讲上肢，然后讲上下肢配合。

(2)形象化讲解：指用自然景物和动物来比喻动作，便于理解和记忆，如"提膝亮掌"犹如金鸡独立，"仆步穿掌"犹如燕子抄水。

(3)单词化讲解：指把动作过程归纳为简明扼要的几个字进行的讲解。如"腾空飞脚"可把蹬地起跳、摆腿、提腰提气、拍手拍脚击响的过程，归纳为"蹬、摆、提、拍"4个字讲解。

(4)口诀化讲解：指把动作和动作要领按顺序编成顺口溜的讲解。如讲弓步，口诀可为"前腿弓、后腿绷、挺胸立腰莫晃动"。讲冲拳和推掌的高度要求，口诀可为"冲拳不过肩，掌指齐眉尖"。

讲解可根据学生学习程度不同，采取精讲或泛讲。学生初学时，不宜过多地用语言分散其注意力，可精讲动作要领。对于有一定基础或学生对技术掌握达到一定程度时，可深入讲解。

(二)示范

示范是指做出可供学生学习的典范动作，是学生通过直观的感性认识获得动作概貌的主要手段。示范在武术教学中占主导地位。示范要做到准确、熟练、优美，并突出武术特点，使学生了解所学动作的结构、速度、节奏、幅度、完成顺序。

1. 完整示范

完整示范是指对单个动作、组合动作和成套动作，从头到尾进行示范，使学生了解动作全貌，形成完整生动的动作表象。完整示范一般在教授新的武术动作、难度较小和结构简单的武术动作，教授有一定武术基础的学生时使用，能帮助学生建立动作表象。

2. 分解示范

分解示范是针对动作结构比较复杂、方向和路线较为繁琐、富于顿挫的武术动作所进行的教学方法，它便于学生了解武术动作的细节，更好地掌握武术动作的完整性。分解示范不宜将武术动作分解过细，应尽快地向完整武术动作过渡。在需要分解示范的教学过程中一般遵循"完整—分解—完整"的原则。

3. 示范面、示范位置与示范速度

(1)示范面：武术教学中常采用的示范面有正面、背面、侧面和镜面四种。可根据动作需要灵活选择，单个动作可采用正面和侧面示范；组合或套路动作可采用背面示范；领做武术操或准备活动时可采用镜面示范。为了使学生清楚两脚开立的宽度和脚尖正对的方向，可采用正面示范；要看清挺胸、立腰以及膝关节前屈不能超过脚尖的规格，可做侧面示范。

(2)示范位置：教师示范位置的选择应根据学生的人数和队形来决定，以尽量让全体看得见为原则。一般站在以横队头排为底边的等腰三角形的顶点；二列横队相对站立时，教师站在中间示范；若是四列横队，可以让前两列学生坐下或蹲下。示范要尽量避免学生面向阳光或迎风，要有利于学生观察。纵队行进时，应选在顶点略靠前进方向处。

(3)示范速度：示范速度可分为慢速、常速和快速三种。新授内容时，先进行正常速度的完整示范；对于较难掌握的动作可进行慢速示范；表现某一技术动作特点时，可用快速示范方式。

(三)领做与口令

领做与口令指挥是教师示范和讲解的一种特殊形式，也是武术教学的主要手段。它可以引导学生尽快掌握武术动作，也便于学生动作一致。教师领做要选择恰当位置并结合准确的口令，带领学生完成武术动作，表现出武术的特点和风格。

1. 领做

领做指教师实地做动作带领学生进行模仿练习，使学生初步掌握武术套路动作的结构、方向和路线。领做时一般应注意：

(1)领做位置要恰当：进行组合和套路教学时，教师一般站在套路运动方向的斜前方，与学生的运动方向一致。当动作方向发生改变时，教师可通过让学生重做或采取口头提示要领的方法，及时换位置，继续领做。

（2）领做与口令指挥相配合：教师动作速度应稍慢一点，便于学生观察、模仿，同时配合简明的语言提示或口令指挥，如"搂左手，冲右拳"，以求提高领做效果。

2. 口令

当学生已经基本掌握动作方向和路线后，教师可用口令指挥学生练习。武术教学中运用口令的节奏和声调的高低，一定要根据动作结构特点有所变化，以表现出武术演练的韵律。

（1）常规口令：一动一个呼号，这种口令适用于基本功和基本动作练习。如有些动作需要分解成两个或两个以上动作连贯练习时，可在原有一拍一动的基础上附加口令。注意发力动作的口令要短促、洪亮有力，过渡性动作的口令要柔缓。

（2）提示性口令：指在口令之前，用动作名称或简明术语作为预令进行启发提示。如"搂手冲拳——1"。对容易遗忘或出错的动作，常用提示性口令。

（3）单字口令：将动作名称中最能突出攻防特点的一个或两个字作为口令进行教学指挥。如"搂手弓步冲拳"的呼号为"搂——打"，这种口令适合在学生基本掌握动作之后的练习中运用。

（4）声响口令：在学生掌握动作后，教师可运用声响口令形象地描述动作快慢等节奏。

（5）音乐口令：通过一定韵律的音乐指挥学生完成动作。

（四）纠正错误动作

纠正错误动作在武术教学中起到重要作用，只有不断地纠正学生的错误动作，才能使学生尽快掌握正确的动作要领，在武术教学中应注意根据不同学生的不同情况进行纠正指导。一般常用的纠正方法有指导法、静耗体验、语言提示、对比分析等。

1. 指导法

指导法指教师通过对学生的练习进行评价，指导学生改正错误与不足的方法。

2. 静耗体验

当学生肌肉本体感觉差，不能有效控制动作而出现错误时，教师一般采用武术站桩的静耗、控腿等方法，让学生体会肌肉用力的感觉。

3. 语言提示

当学生遗忘动作或对动作要领不清楚而出现错误时，教师可以通过提示动作名称或动作要领来启发、诱导学生完成正确动作。

4. 对比分析

当学生不理解动作性质和作用，容易忽视动作之间存在的区别而出现错误时，教师可根据动作的攻防性质找出差异，通过正误对比示范，使学生明确正误动作的不同之处，达到帮助学生纠正错误的目的。

讲解和示范是武术教学中学生学习和掌握武术技能的最直接的途径，示范时机和次数由学生的身体素质和学生对武术技术动作学习掌握情况所决定。讲解和示范不仅可以使学生获得视觉、听觉上的直接感受和认知，更有利于学生对武术动作概念和过程的理解，以形成正确的动作概念和动作过程定势。教师有针对性的讲解和示范，可以让学生明白学习的重点和解决难点的注意事项，有效提高学生的练习效果和学习掌握程度。分解示范与完整示范应有机地结合起来运用，武术教材多采用边讲解、边示范，先讲解、后示范或先示范、后讲解的教学方法。对于新的教学内容或基础较差的学生，以示范为主；对于复习教学内容或基础较好的学生则以讲解为主。

二、练习法

（一）练习方法

练习是学生在教师的指导下，通过亲自参与，掌握和巩固武术技能的主要方法。武术教学中常运用的练习方法有以下几种。

1. 模仿练习

学生进行模仿练习主要是为了弄清和记忆动作的结构、方向和路线。为了使模仿动作无遗漏、更准确，练习时可以把整个动作的完成过程浓缩成几个有代表性的字词，对学生进行语言刺激以帮助记忆。学生在模仿练习阶段，教师不要随意更换示范位置和方向，要注意将事先培养的学生骨干或基础较好的学生安排在队伍前排以提高学生模仿学习的效果。同时，可采用观看录像等方式进行模仿练习。

2. 重复练习

学生初步掌握动作后，必须坚持在教师指导下反复练习，以逐步形成正确的动力定型。教师对重复练习的形式、时间、次数要根据教学内容的难易、学生掌握的程度，以及每次的总时间来决定。学生进行重复练习时，教师要提出不同层次的具体要求，在激发学生兴趣的基础上，提高学生的唤醒状态，保证学生按照要求完成练习任务。

3. 默想练习

默想练习是指学生通过意念活动，在大脑中重复已获得的动作表象的一种内隐性活动，以达到强化武术运动技能的练习方法。该练习要求学生体验重新整合现实中的感觉——运动体验的感受，主要加深动作表象的正确性和清晰度。默想练习一般安排在学习新动作之后或复习之前。默想练习能帮助学生集中注意力，积极思维，加深动作印象，且能消除疲劳，调节运动负荷。默想时间一般不宜太长，每次 1 分钟至 3 分钟。初学者最好在教师指导下集体练习。

4. 自学自练法

自学自练法是指在没有教师教授的情况下，凭借一定的条件(如图解、视频)自学自练的方法。

(二)练习形式

1. 集体练习

集体练习是指对全班、全组学生进行集中指导、共同练习的形式。集体练习节省教师讲解、示范时间，便于统一动作要求。学生精力集中，不仅可以形成正确的动力定型，而且可以培养学生顽强的意志品质和集体主义的精神风貌。武术教学多采用集体练习的形式，集体练习时，教师要及时纠正学生练习中存在的共性错误。

2. 分组练习

分组练习是指集中指导后，将全班、全组学生分成若干小组进行复习巩固的形式。分组练习一般安排在学生初步掌握新授内容后，由小组长或学生骨干带领本组学生进行练习。分组练习前，教师要提出练习的具体要求和注意事项，教师轮流指导，督促各组完成练习任务。

3. 个人练习

个人练习是指学生单独完成动作演练的形式。单人练习能消除学生对教师和同伴的依赖，使动作和思维结合，有利于学生独立进行动作记忆，掌握和巩固武术技法。教师可在学生练习的间歇时间里进行个别辅导，指出问题和要求，因人施教，诱导、激发学生的学习兴趣，使学生积极地练习，为终身锻炼奠定基础。

4. 双人练习

双人练习是指两人配对进行假设性攻防对练的形式。一般在教授对练组合、套路或练习攻防技术时采用双人练习方式。当学生了解和掌握了动作的规格要求与运动路线之后，两人一攻一防，慢速配合练习。该练习形式突出武术的技击性和对抗性，有利于学生理解武术动作的攻防使用方法，逐步使学生消除攻防对抗中的惧怕心理，培养学生的勇敢顽强精神。双人练习时，教师要对学生加强安全教育和组织纪律教育，强调慢速轻打，点到为止，注意防止伤害事故的发生。

5. 综合练习

综合练习是指教师根据学生实际情况，为了进一步解决共性或个性问题、增强课堂气氛、提高教学效率而进行的综合上述方式的一种练习形式。

6. 实战练习

实战练习主要是指散打、防身术等攻防对抗所采用的练习形式。实战练习一般采用限制条件实战、指定进攻方实战、模拟实战等形式，旨在使学生体验实战的技术和战术。在此过程中，教师要格外注意安全教育，加强防护措施，避免技术实力悬殊者进行对抗。

三、评价法

(一)观察和提问

观察是教师在武术教学过程中，及时了解学生技术掌握程度所采用的最直接的方法。观察要有明确的目的，先看什么，后看什么要有合理层次。教师的观察要做到心中有数，要善于发现并及时解决学生在练习中出现的问题，可在学生完成练习后口头评定练习中的长处，同时指出不足之处，使学生及时了解每次练习的效果，以利于自我调整。

提问是指教师随堂提出问题，并要求学生根据教学要求和自身体验做出回答，是教师了解学生对武术知识技能掌握情况的主要方法。提问的内容要简明，要与讲解的内容一致，如武术动作名称、动作要领、攻防方法等。同时，教师要掌握好提问的时机，以启发学生积极思维。

(二)抽查与测验

抽查是指教师随堂让个别学生独立练习，检查武术动作是否正确、协调，武术组合或套路是否连贯熟练的一种方法。对接受能力强、武术基础好的学生和接受能力差、武术基础弱的学生均要重点抽查，以便于在教学中抓两头、带中间、照顾全局。

测验是指教师对学生所学武术技术进行阶段考察或学期考核的方法。测验前教师应根据教学基本要求和教学大纲确定的测验内容和范围，制定评分方法和标准；测验中要以学生现场独立演练水平为依据，做出实事求是的评价；测验后要认真教学总结，以便对下一阶段的教学工作进行改进，不断提高教学质量，争取实现最优化的教学效果。

(三)教学比赛

教学比赛指在教学的不同阶段，根据任务和要求以及学生的实际情况，采用个人比赛、分组推选代表比赛、分组集体比赛等形式，以达到复习巩固提高武术技能、客观反映教学效果的目的。这种比赛具有一定的竞争性，对于调动学生练习积极性，提高教学质量有重要作用。比赛内容可分为基本功和基本动作比赛，组合、套路或攻防搏击比赛。这种教学比赛可由教师评判或由学生评议与教师评判相结合来予以评定。

四、多媒体教学法

多媒体教学法是指运用现代教育技术手段进行各种形式教学的方法。

(一)多媒体教学内容

1. 武术组合、套路和散打全程演示。

2. 难度较大的技术动作。

3. 结构复杂的动作。

4. 学生练习的实况与规范动作对比。

5. 演示相关技术和理论资料。

(二)多媒体教学形式

1. 观看技术录像、光盘

组织学生观看优秀运动员或骨干学生演示的技术动作录像、光盘。建立正确的技术动作概念，树立清晰的动作表象。研究表明，学生练习前观看技术录像比在中途观看效果好。

2. 微格教学

微格教学(Microteaching)符合认知心理学、行为心理学以及信息论等现代科学基本原理，从某种意义上说，微格教学就是一个信息互动和认识升华过程。教师可组织学生观看优秀教学技能示范，观看自己的动作练习回放，通过这些信息的反馈进行优劣对比，取长补短，不断改进动作。

3. 多媒体课件教学

多种媒体共存，可以在学习者周围形成一个多维的信息场。多种形式的信息交互作用，对学生的刺激效果可达到最佳，使学生注意力更易集中到学习上来。多媒体课件分为框面型、自动生成型、数据库型和人工智能四种类型。教师可根据实际采取不同的课件进行教学，总体要求是充分利用计算机对图文的处理能力，将技术动作进行静止的、动态的、对比的多方位分析，寻找技术动作的关键环节，提供学习动作的最佳方案。

4. 融媒体教学

融媒体是把广播、电视、互联网的优势互为整合，互为利用，使其功能、手段、价值得以全面提升的一种运作模式；是一种现行的媒介传播方法；是广播、电视、网络三种形式同时为一个项目服务的手段和方法。融媒体教学运用教学或学习平台将学习的动作内容上传，学生可通过手机、电脑、电视平台学习和复习教学内容。

五、探究教学法

探究教学法是在教师引导下，学生从趣味性和挑战性的问题出发来获取知识、技能或解决问题的一种教学方法。

(一)探究教学内容

1. 武术组合或套路记忆问题。

2. 武术繁难动作掌握问题。

3. 武术图解识别和自学问题。

4. 武术动作改编创新问题。

5. 武术教法运用问题。

6. 武术专项身体素质提高问题。

（二）探究教学形式

探究教学的特征主要表现在：实践性、参与性、开放性、创造性、过程性、深层次的兴趣、深层次的思维等。学生的探究是在教师的指导和引导下的探究，学生探究的问题是经过设计和安排的问题。学生探究过程是开放的，方法是多样的，结果可以是多元的。武术课程运用探究教学必须在学生掌握了一定基本功、基本动作和基础组合，有了一定的知识储备之后进行。

1. 共同参与

教师将教学中学生遇到的各类问题进行专题教学，请学生参与探索各种帮助掌握动作的方法，最终教师提供比较有效的方案，为学生整理思路。

2. 自学任教

教师提前布置作业，请学生课下看图或视频自学相关组合或段落，在第二次课上由学生执教，将学会的动作向全体学生传授，学生们在课堂上可以相互纠正动作。教师可通过录像等方式提供规范的组合或段落演示。

3. 创新学习

武术课程的平时作业可由学生将已经掌握的组合或套路进行创编、改造，以完成新的组合。教师可规定组合中应包含的动作组别，公布评价标准，在课堂检查作业时客观地进行评判。

第三节　武术教学应注意的问题及要求

武术教学中隐藏着诸多不安全的因素，轻视和忽视对学生进行安全教育将会出现严重教学事故。教师应在课前、课中和课后经常性地进行安全教育和检查。

一、武术教学应注意的问题

1. 武术教学要理论与实践相结合

由于武术客观的复杂性及发展过程的无限性，学生对武术的认识要受到主观和客观条件的限制，特别是受到实践水平的限制，因此武术的学习要经过实践、认识、再实践、再认识的循环往复的过程。武术的学习是永无止境的，要求学生不断地学习，解放思想，与时俱进，在武术实践的基础上不断进行创新，使我国的武术得到更好的传承与发展。

2. 注重学生武术专项身体素质训练

随着我国武术的快速发展，这就要求学生必须具备全面、扎实、良好的专项身体素质来提高自身的专项能力。专项身体素质包括力量、耐力、速度、柔韧性和灵敏性五大类素质，教师要根据武术的特点，采用与专项有密切联系的专门性的身体练习手段与方法，发展和改善与武术成绩有直接关系的专项身体素质训练。

3. 增强学生各方面的综合能力，注重实践培养

对于武术的学习，最主要的是能够把学习的武术知识运用到实践中。教师不仅要教授学生基本的武术技能，还应该给学生更多的机会把武术知识运用到实践中。教师可以在武术教学中安排小型武术比赛，让学生能够有平台来进行自我展示，彼此都是武术裁判员，相互打分，相互纠正错误动作，以达到最佳学习效果，这样才能不断提高学生的综合能力。

4. 注意特异体质学生的武术教学

在武术教学中，教师要会简单的医疗救助方法。了解全体学生的身体状况，特别关注少数学生的特异体质、患病情况、既往病史等，评估学生能否参加武术学习，如发现特殊情况并报告学校，告知学生及家长。每次开展武术教学前必须提醒学生有无因病或特异体质不能参加的或需降低强度的，确保武术教学无教学事故。

5. 合理安排残疾学生的武术教学内容

残疾问题作为一个世界性的社会问题引起各级政府和相关部门的重视，残疾学生也享有良好的体育教育。如果班里有残疾学生，武术教师要根据残疾学生的身体和心理情况合理安排武术教学内容，鼓励残疾学生积极参与武术学习，促进残疾学生的身心健康，提高残疾学生的社会适应能力。

6. 培养学生的安全意识和掌握安全要领

武术教学中带有一定危险性，有时难免会发生一些伤害事故，要保证学生的安全，只有爱心和责任心是不够的，要靠师生共同维护。武术教师要有丰富的专业知识和高超的安全保护技能，学生也必须具有强烈的安全意识并掌握一些基本的安全要领与技能，要让学生在练习武术动作遇到危险时能够运用所学安全要领来规避危险。如在进行攻防教学（双人

对练)时，出手要轻、点到为止，先慢动作练习，待熟练后再加快速度等。

7. 在上武术课之前，教师应先检查武术场地及器材的安全性

武术场地及器材是学校开展武术教学与训练的重要保证。为防止伤害事故的发生，提高武术场地及器材的使用率，上武术课前，教师要对所有武术场地及器材进行安全检查，检查器材的磨损情况，能修理的要及时修理，不能修理的要及时上报，确保不存在安全隐患。

二、武术教学的要求

(一)注重武德教育

在武术教学中，要注重武德，应将武德教育贯穿于武术教学过程的始终。上课开始，师生问好，应行抱拳礼。教师要讲清抱拳礼的现代意义，教育学生以礼待人，不出手伤人，崇义尚武，不可高傲自满。课程结束时也应行抱拳礼。要培养良好的习武礼仪规范，培养学生的民族自豪感，端正学生的习武动机，使学生养成良好的习武风气和良好的习武行为规范。

(二)尊重师长，团结同学

尊重师长是作为学生的道德准则，是中华民族的传统美德，古往今来，代代相传。与人真诚交往是学生优良品质和健康心理素质的具体表现。武术动作有攻防技击性，教师在讲解这类动作用法时，要端正学生的学习态度：武术是强身健体的方法，而不是用来应用招法比试同学，出手伤人。特别是进行散打教学时，更要强调其安全性，只可模仿慢速练习，不可使力出招伤人。在分组练习中，武术骨干生要积极帮助同学学习武术动作，被帮助的同学也要尊重武术骨干生的劳动成果，虚心向骨干生学习，达到互帮互助、共同提高的目的。

(三)突出武术的重难点

武术教学重难点的突破意味着一节武术课的成功与否，关系到教学效果的优劣。在设计武术教学过程和具体实施教学时，要根据武术教材内容和学生实际突出重点，解决难点。例如，在教授"腾空飞脚"这一动作时，重点是手型和步型，难点是腾空击响。教学时，首先要强化右腿单脚落地的训练，其次要强化空中造型的训练。要由易到难，步步深入，环环相扣，围绕重点和难点动作，使学生能尽快地学会动作。

(四)武术教学中要抓住示范与讲解的时机

新授武术内容时，教师要通过正确的武术动作示范，给学生正确的动作表象，让学生知道将要学习的内容和了解初步的动作过程，同时可以激发学生的学习欲望。每节武术课

都要有重点和难点，如何突出重点，化解难点是武术教学成败的关键。正确的动作示范和精准的讲解，可以有效地突破学习中的重点和难点，以提高学生练习的目的性和实效性。大部分学生出现明显动作错误或出现普遍共性问题时，就需要教师重复讲解和示范，帮助学生解决困难和共性问题，提高学生练习的积极性。在武术教学中，学生掌握基础后，会出现难以提升或优化动作的现象，教师要重复动作示范和进行更精细的、有针对性的讲解，使学生明白"瓶颈"所在点和提升优化的手段，以有效地突破"瓶颈"现象。因接受能力、理解程度、武术基本功等的个体差异，经常会出现不同的个别问题，教师可以采用个别辅导或分层辅导的方法来解决学生的个别问题。

(五)充分调动学生的学习兴趣

在武术教学中，教师要营造一个良好的课堂气氛，要通过多种形式激励并结合有针对性的手段，让学生在轻松愉快的学习气氛中进行练习，达到事半功倍的效果。例如，教授武术基本功部分是比较枯燥的，教师可以将学生分成几个小组进行踢腿比赛，教师和学生共同评分，较好的一组可以在课间提前休息，以此激发学生的兴趣。又如，在教授初级三路长拳时，可让学生随着拳脚动作放声呐喊"哈"或"嗨"，活跃气氛，学生学习热情就会高涨。由于大声呐喊，必然会引起周围上课学生的注意，促使学生注意力更加集中，使原来有气无力的动作大为改观，动作质量提高，力度增强。再如，在太极拳的教学中，可配上悠扬的具有民族特色的古典音乐，使学生随着舒缓柔慢的音乐节奏，将轻灵沉稳、连贯圆活的太极拳动作与音乐完美结合，更好地表现出太极拳的行云流水、绵绵不断的技术特点。

(六)合理安排教学内容

武术是我国宝贵的文化遗产，对于强身健体，提高身体的协调性、灵敏性和柔韧性，学习一些防身、自卫的技能都有积极作用。教师要根据学校和学生的实际情况，决定武术内容的选择与安排，要加强武术基本功和基本动作的训练，每次教学都要安排一定的时间进行武术基本功和基本动作的学习，不能只是练习套路。武术基本功和基本动作不到位，武术的套路是练不好的。武术套路的练习可以选择体育教材中编写的武术套路，也可以选择本地民族传统的拳种套路。

(七)注意培养骨干

武术教学中，教师要合理选择学生干部、武术基础较好的或在班里有一定号召力的学生当武术骨干。教师可以在课余时间对他们进行培训，让他们先掌握武术动作要领，使他们尽快协助教师搞好武术教学工作。在教学中很多时候教师要采用分组练习的方式，不可能同时兼顾几个组的练习，此时，发挥武术骨干的作用尤为重要。他们能认真地按照教师的要求，协助教师组织练习，而且延伸到课外，课余时能带动学生进行练习或自发组织一些竞赛等，对推动武术学习和课外活动具有重要作用。

（八）注意个性化教育

武术教学中，教师首先要承认学生的个体差异性，承认学生发展过程中的不同爱好、兴趣和需要，并以此为基础，引导、帮助学生找到表现自我的领域，自主选择武术学习内容和学习方式，并让相同兴趣、爱好的学生形成学习团队。整个教学过程要突出以学生为主体，充分让学生展示、发挥自己的个性，同时培养学生合作意识、集体精神。

第四节　武术套路教学与训练

武术套路是一连串含有技击和攻防含义的动作组合，是以技击动作为素材，以攻守进退、动静虚实、刚柔疾缓等矛盾运动的变化规律为依据，通过套路运动形式表现出的具有竞技、健身、表演性质的徒手和器械的操作技术，又被称为"套路运动"。

在武术教学中，套路的学习不仅仅是基本动作、组合动作的机械串联，还要求学生掌握各套路的技术特点和风格。为了更好地掌握武术套路，武术教师应循序渐进地教授多个组合动作。

当通过套路的学习积累了必要的技能时，教师要把武术理论与武术实践相结合，使学生掌握武术套路创编的基本原则，让学生大胆进行基本动作、组合和套路的创编，以提高学生的创新意识和能力。

一、教师要注重武术基本功和基本技术的教学与训练

在武术教学中，基本功练习是武术的基础内容之一。拳谚讲："练拳不练功，到老一场空。"这充分说明武术基本功的重要性，学生对基本功的掌握好坏，直接影响到套路技术是否规范。武术基本动作和基本功的内容较多，教师可以根据学生的基础情况和套路的内容确定教学重点。例如，选择"腾空飞脚"为教学重点时，可选择前俯压腿、前踢腿、前拍脚、交替摆腿等基本功和基本动作作为一般练习，为腾空飞脚的学习创造有利条件。

由于教学时数少，学生人数多，教师可选择性学习武术的基本动作和基本功，由易到难，步步深入。例如，在学习初级长拳第三路时，首先要学习初级长拳第三路的基本手型

(拳、掌、勾)与基本步型(马步、弓步、仆步、虚步、歇步)。

教师要重视对基本动作和基本功的传授和练习，不仅能使学生身体各个部位得到较全面的锻炼，还能较快地发展武术运动的专项身体素质，为掌握和提高组合和套路技术水平打下良好的基础。

二、教师要注重武术动作的规范性和趣味性

在武术教学中，要加强学生的武术基本功练习，根据武术动作形态的规律，有针对性地对身体各部位加以训练，提高学生的动作形态质量，防止、矫正学生的身体错误动作。武术动作的姿态千变万化，但始终遵循一个原则，即动作规范，如向前冲拳时，教师用手分别抵在学生的拳面和脑后，让其体会沉肩、坠肘、拳前顶及颈部后撑的感觉。武术演练时，要求"意要连、劲不断"。少数学生在完成静止姿态时，显得呆板无味，其主要原因是意识劲力中断了，尤其在动作与动作之间的处理上，经常表现为动作匆忙，随意放臂，松懈躯干，这样就中断了动作的有机联系，破坏了各种动作之间的衔接。

培养学生学习武术套路的兴趣在于循序渐进，可通过选择适合的内容和降低难度等方式来吸引学生的学习兴趣。教师要合理安排武术课的课前准备部分，把徒手操变为武术操，再做一些武术基本功的强化训练，如马步冲拳、弹踢冲拳、弓步冲拳的转换，仆步轮拍，等等。把武术的准备活动和武术套路紧密衔接在一起，在学生的大脑中初步建立起武术动作的概念，为学生练好武术套路打下坚实基础。教师要帮助学生找出套路中每个动作的规律。例如，初级长拳套路的起势与收势的位置相同且方向一致，学生练初级拳时，拳要放在腰间，拳心向上，冲拳时拳心向下，等等。让学生懂得武术套路的一般规律，体验学习乐趣，培养学习兴趣。

三、在学习套路之前，教师应以分节教学为主

分节教学是把一套动作分成若干小节，或将组合、套路中某些顺势连贯的小组合动作抽取出来，便于学生快速了解套路结构与细节，更好地掌握套路动作的方法。划分套路小节要遵循分解教学法的分解原理和武术套路编排原则以及武术的攻防特点。最好安排在每次套路教学课之前，在学生精力最充沛的时候教授。这样既能节省教学时间，又能保证学生对难度或复杂动作的多次重复练习和前后动作连接的完整性。

四、教师要让学生领会动作的攻防含义，加快套路学习

武术套路动作的本质是攻防格斗，每个武术动作都有一定的攻防格斗含义，掌握动作的攻防技击含义有助于学生更好掌握套路技术动作。攻防动作要逼真，并非"猛打重击""僵

劲硬力"，动作要求刚而不僵，柔而不松，刚柔相济，套路动作演练时要体现攻防，使攻与防做到协调统一。

五、教师在器械套路教学时要突出器械的特点

器械套路是指学生通过对器械的支配并和身法、步法等配合，发挥出器械的攻防效果和特长，表现其技法特色。因此，不同的器械组合或套路教学，首先要突出传授器械的基本技法，使学生了解和掌握器械套路的运动特点、演练风格、技术特征、各部位的名称规格以及器械的材料组成，学会与器械有关的基本方法。

在短器械中，刀和剑既是主要器械，又是其他短器械的基础。在短器械教学时，要充分表现出刀术套路的快速勇猛、剑术套路的矫捷轻巧。初学者在练习刀术和剑术时，往往握把太死，不会使腕力，体现不出刀法与剑法的特点。因此，在学习短器械组合或套路之前，应先学习几个主要的基本动作，如刀术的劈刀、斩刀、缠头裹脑刀，剑术的剪腕花、刺剑、点剑、撩剑、挂剑等。

在长器械中，枪和棍是基础器械。在长器械教学时，要表现出枪扎一条线（点动成线）、棍扫一大片（线动成面）的特点。初学者在练习长器械时，要控制好长器械的运动轨迹、用力顺序和力点，初步掌握后再学习组合动作，以做到持械方法准确，身械配合协调，体现长器械的特点。

六、教师在器械套路教学时要注意安全

在武术教学中，教师要时刻留意学生对学习过程和器械的反应，及时发现和消除安全隐患，确保学生的安全。每次进行武术器械套路教学时，都要对学生进行安全意识的教育，强调堂课中出现一些影响安全的现象的危险性，不断地向学生灌输安全意识。教师在进行长器械教学时，必须根据所教授的武术器械的长度适当地安排训练场地，每个学生的前后左右，都应有器械长度的两倍的距离，这样才能确保学生在演练动作时的安全。

由于武术器械套路的动作一般都比拳术套路的动作要复杂，所以教师要对动作进行详细的解释，特别是对一些转体的动作，要多示范，让学生在模仿学习前有比较深的印象。在做示范时，教师应多做镜面示范，尽量减少背对学生的时间，以免一些顽皮的学生趁教师背对学生做示范时搞小动作影响安全。在课间休息时，教师要保管好器材，不允许学生接触器材。课后由教师统一指定班委收回器械。

第五节　散打教学与训练

　　散打也叫散手，古时称之为相搏、手搏、白打等。散打是中华武术的重要组成部分，是中华民族的传统体育格斗竞赛项目。它以踢、打、摔、拿四大技法为主要进攻手段，以格挡闪躲为防守策略，以猛冲巧打以谋取胜为根本指导思想，以击败制服对方为目的。散打突出了武术的技击性和对抗性。在教学过程中，无论是单个的基本动作、完整的技术动作，还是上下结合的组合动作，都要按照一定的步骤指导练习，最后达到在实战中运用的目的。

一、散打教学与训练的要求

(一)武术教师要在教授散打之前认真备课

　　武术教师是武术教学训练的组织者、技能传授者、学生训练的指导者，处于教学活动中积极的主导地位。授课前教师应当全面系统地备课，在思想上提高对预防人身事故的重视程度，加强责任心；技能方面做到技术全面，动作准确，熟练掌握不伤人而战胜对方的技法，熟知每一个散打技法的危险程度及保护方法，制订科学、系统、明确的训练计划，具备教学能力，胜任教学工作。

(二)把武德贯穿于散打教学始终

　　武德是从事武术活动的人在社会活动中所应具有的道德品质和行为标准。"未曾学艺先学礼，未曾习武先习德。"散打教学不仅是增进健康、培养一定格斗技能的过程，而且是陶冶情操、培养高尚道德品质的有效手段。

　　教师要对自己的言行严格要求，要有高尚的武德和精湛的业务能力，有针对性地进行武德教育，以不断培养学生良好的道德品质。武德教育应紧密结合当前社会主义精神文明建设，赋予它鲜明的时代特征，寓武德教育于社会规范中，使学生进一步明确学习的目的和意义。

(三)在散打教学中加强安全教育，防止伤害事故

　　在散打教学中，教师要对学生加强安全教育，采取安全措施，严格检查，杜绝伤害事

故的发生。学生练习前必须充分做好准备活动。配对练习时要精力集中，服从教师指导，注意慢速轻打，点到为止。在进行实战的练习中要掌握分寸，不要过于用力，以免伤害对手。

二、散打教学与训练的步骤

（一）散打单个动作学习

教师讲解和示范领做，让学生跟着慢速模仿学习单个动作，使学生对动作的运动路线、发力顺序、击打力点等有一个感性认识。有些复杂动作还需再讲解与练习。初期教师在教学中不要过多强调动作细节，而应抓住技术的主要环节，多运用示范讲解方法来帮助学生加强对技术动作的初步体会。让学生通过反复练习和不断地纠正错误动作，来建立正确的动作概念。

（二）强化、体会散打动作技术及用力技巧

学生初步掌握单个动作后，教师应引导学生认真体会动作要领和用力技巧，消除错误动作，帮助学生不断改进动作细节，使动作更加协调、准确，并通过反复练习，不断强化攻防意识，强化条件反射。

（三）两人配合运用

在初步建立正确的动力定型后，必须有针对性地进行两人配合练习。配合练习要根据不同的教学阶段和目的提出不同的条件限制，从单个技术到组合技术、从单一战术到复合战术的运用，要循序渐进，任何过高或过低的条件限制都不能达到最佳教学效果。

（四）条件实战

在对散打动作有了一定理解和初步掌握后，可在一定的条件限制下进行两人的实战练习。条件实战要根据学生的实际情况和练习的目的选择相应的实战内容。在不同的条件下，培养学生对不同技术、战术的理解和运用能力，培养对距离、时机、空间的精确感觉和把握能力，对于每一个攻防动作都要反复进行攻与防的换位配合练习。培养在实战中特有的快速反应能力和应变能力，为过渡到实战阶段打下良好基础。

（五）实战

实战是技术学习的最高阶段，也只有通过实战才能真正检验技术动作的质量和教学效果。它可以不断锤炼对技术动作的把握程度和运用能力。在实战中，教师要引导学生学会自我分析和总结提高的能力，找出自己的不足，不断提高自己的实战技能。实战练习尽可能地在同水平、同级别的学生中进行。练习时间不宜过长，避免体力消耗过大引起受伤。

在学生实战时，教师必须担任裁判，及时制止危险动作。实战练习时必须做好安全防护措施。实战后进行适时讲评，使学生生动地了解技术和战术的实战运用。

第六节　武术自学自练

武术自学自练是指在没有教师教授的情况下，借助一定的条件自学或练习武术套路和动作的方法，常用的有借助武术图解、武术音像教材、武术网络视频等。无论借助何种条件，在自学自练武术的过程中，只有遵循正确的练习原则，采取恰当的方法才有可能取得事半功倍的效果。

一、武术自学自练的原则

(一)少而精原则

少而精原则是指在练习武术的过程中，应根据自身的情况选择少量的武术内容进行反复练习，以达到精益求精的程度，不能贪多求全。武术内容丰富多彩，浩如烟海，且技术风格各不相同，如长拳、南拳、太极拳等拳种，技术要求相差很大，有时技术要领甚至互相矛盾。如果在一种拳术没有很好掌握的情况下练习另一种拳术，不但不能提高技术水平，有时甚至会相互干扰，使技术水平不升反降。此外，拳术与拳术之间，器械与器械之间也存在差异，例如，剑和棍的技法要求就有很大不同，如果为了贪多求全，则可能什么都练不好。因此，练习武术最重要的是选择适合自身练习的内容，在少量动作的基础上，反复练习，精益求精，使自身的技术水平不断提高。等技术水平上升到一定层次，再练习其他的武术内容，这样就容易融会贯通，从而达到事半功倍的效果。拳谚说"不怕千招会，就怕一招精"，说的就是这个道理。

(二)循序渐进原则

循序渐进原则是指练习武术时应遵循由易到难、由简到繁的原则。无论是套路运动还是搏斗运动，都有简单的技术动作，也有复杂的技术动作；有容易完成的动作，也有难度较大的技术动作。自己在练习时，应该首先在练好简单的和容易完成的技术动作的基础上，再练较为复杂、难度较大的动作。例如，在学练腾空飞脚等难度较大、技术较为复杂的跳跃动作之前，应事先学练好不腾空的拍脚等容易完成且技术相对简单的动作。另外，在学练搏斗运动时，应按照先学练原地空击技术，再练条件实战和实战的顺序进行。这样，不仅会有事半功倍的效果，还可以有效地避免伤害事故，又能增强自己学练武术的信心。

（三）持之以恒的原则

持之以恒的原则是指学练武术应有毅力，有恒心，长久地坚持系统训练。拳谚说："一日练一日功，一日不练十日空。"虽然有些夸张的成分，但它强调了持之以恒的重要性。从掌握动作规格和提高动作质量来看，学习武术技术动作是一个不断形成和强化条件反射的过程。只有坚持长期的练习才能形成良好的神经肌肉联系，使武技逐步精进。另外，从能量物质的"超量恢复"原理来看，只有不断地消耗和恢复运动时的能量物质，体内能量物质的储备和各组织器官的营养供给才能不断地增强和改善，从而有效提高身体各部位的机能。

（四）平衡发展原则

平衡发展原则是指在学练武术的过程中，应保持上与下、左与右、内与外的平衡协调发展。和谐的发展观是中国武术的重要特色。在练习武术的过程中，既要做到上肢与下肢，左侧肢体与右侧肢体，拳法与腿法、摔法等各种技法的平衡协调发展，还应该内外兼修，形神兼备。除此以外，在动作技术与身体素质、身体机能方面也应做到平衡协调发展。从传统的武术理论来讲，就是要求阴阳平衡、刚柔相济、天人合一。

（五）术道并重原则

术道并重原则是指在学练武术的过程中，既要尚武，也要崇德，对武技和武德要同等重视，同时修炼，并行发展。由于武术攻防格斗技术是一种战斗的技术，容易导致伤害事故，因此，必须要强调道德的约束作用。拳以德立，德为艺先。重视武德的修养是中国武术的一大特色和优良传统。练习武术，首先应强调练武与修身的合一。即练武不仅是为掌握技击技术或健身娱乐，更是一种人生态度与人格的修养，练武即修身，习练武术是人生品德修养的重要途径与方法。习练武术，除了要加强伦理道德的修养和遵纪守法的观念外，还要在长期的习练过程中，有意识地培养自己百折不挠、勇于进取、吃苦耐劳等优良的意志品质。

二、武术自学自练的方法与手段

（一）单操练习法

单操练习法是指对武术的单个动作进行反复操练的练习方法。对于武术中的重点动作，或自己掌握得比较薄弱的动作，以及某些难度动作或复杂动作，进行反复的锤炼，能够较快地提高这些动作的质量。例如，枪法中的"扎枪"这个动作，既是枪法中的基本动作，又是重点动作，其要求是"枪扎一条线"，刚开始练习扎枪时，不容易达到这个要求，只有通过反复的操练，才能逐步达到其基本要求。

(二)组合练习法

组合练习法是指将武术中的几个动作串联起来练习的方法。它是提高武术套路成套演练的质量和搏斗运动连续击打能力的十分重要的方法，练习时应重点掌握动作与动作之间的节奏以及连接技巧等内在规律。将单操练习法和组合练习法结合运用，能够迅速提高武术技术水平。

(三)成套练习法

成套练习法是指把武术套路的整套串联起来练习的方法。其主要目的是提高各组合动作在整套演练中的稳定性，以及各组合与组合之间、段与段之间节奏的处理能力和体力的分配合理性。它是提高武术套路整套演练质量的必要练习方法。成套练习法通常在单操练习和组合练习的基础上进行，一般在比赛前运用较多。

(四)超套练习法

超套练习法是指将超过整套的武术套路串联起来练习的方法。例如，在整套的基础上再加一段、加两段、加三段或加整套进行练习。由于这种方法一次练习的负荷要大于整套练习的负荷，其目的是提高武术套路整套练习的耐力。因此，应恰当运用，避免负荷过大而引起运动伤病。这种方法一般在比赛前运用较多。

(五)静耗练习法

静耗练习法是指把武术的动作在某种状态下保持一段时间的静止姿势，以提高人体肌肉本体感觉的练习方法。初练某些动作，由于肌肉的本体感觉差，不能有效控制动作而经常出现错误时，宜采用静耗体验的方法来增强肌肉的本体感觉。例如，马步、弓步、亮掌等武术动作经常不能达到标准姿势时可选用。

(六)实战练习法

实战练习法是指通过两人的直接对抗用以提高攻防能力的练习方法，包括条件实战和实战两种形式。条件实战是在限于一定的攻防条件的情况下进行的对抗练习，针对性强，能有效提高某方面的攻防能力；实战则是按照正式的比赛规则进行攻防练习的形式，是总结、积累实战经验的必要措施。拳谚说："既得艺，必试敌。"条件实战和实战是提高攻防能力的不二法门，只有通过长时间的条件实战和实战，才能找到攻防格斗的技巧和规律。由于条件实战和实战对抗性强，强度大，容易发生伤害事故，因此，应在体力较好的情况下运用。

三、武术自学自练的注意事项

(一)重视准备活动与整理活动

重视准备活动，就是要在习练武术之前，把身体各运动器官和内脏器官动员起来，以适应武术专项活动的需要，避免伤害事故的发生。重视整理活动，就是要在习练武术之后，使身体从紧张的运动状态逐渐过渡到安静状态，加速身体的恢复。众所周知，适当的准备活动，不仅能够使人体代谢水平提高，使体温上升，提高循环、呼吸等系统的机能水平，还可以使大脑皮质兴奋性处于适宜的水平，促进参与运动的有关中枢神经间的协调。而整理活动不仅有促使肌肉放松的作用，还能够有效地避免因突然的静止不动，而妨碍强烈的呼吸动作，影响机体对氧的补充；还可防止因静脉回流受阻，血输出量骤然减少，血压急剧下降，造成暂时的脑贫血，从而产生一系列不舒服的感觉，甚至是休克现象。

(二)重视基本功与基本动作

武术基本功是指为更好地掌握武术技法而发展某项专门素质的基础功法练习。武术基本动作是指武术技法中最基础、最有代表性的动作。拳谚讲："未学功夫，先学踢腿；未学拳头，先学站马。"说明了基本功与基本动作在武术中的重要性。武术基本功与基本动作总是紧密地结合在一起，而且基本功往往通过基本动作表现出来。重视和加强基本功与基本动作的练习，对于尽快准确地掌握武术技法，全面提高武术动作质量，避免伤害事故的发生，延长运动寿命，提高专项身体素质都有着十分重要的意义。

(三)重视武术基本技法

武术的基本技法主要是指演练武术的基本技术要求及其带有规律性的运动方法。例如，对于长拳来讲，身体姿势的要求是"头正、颈直、沉肩、挺胸、立腰"；发力动作的一般要求是"起于根，顺于中，达于梢"；眼法要求是"手到眼到""手眼相随"。而太极拳的基本技法要求则是，身体姿势要"虚领顶劲，沉肩坠肘，舒掌塌腕，含胸拔背，尾闾中正"；动作则要缓慢柔和，处处有弧线。散打运动对技术的总体要求是步法活，预兆小，动作快，力量重，力点准，方法巧。无论是练习套路运动，还是练习散打运动；无论是练习拳术，还是练习器械，都要重视其基本技法。只有在反复的练习之中，不断琢磨、体会并提高所练内容的基本技法，才能够使自己的技术水平达到一定的高度。

第七节 武术课教学设计

根据武术教学设计原理，结合武术教学设计的特点，在系统分析的基础上，提出武术教学设计的基本程序，一般包括：指导思想、教材分析、学情分析、教学目标、教学重难点、教学策略、教学过程、场地器材、预计教学效果、课后反思与总结几方面的内容。武术教学设计应以简明、清楚、扼要为原则。并应力求达到教学目标准确、教学要求具体、教材符合实际、教学重点突出、课程组织严密、教法科学多样、运动员负荷恰到好处、场地布置合理、安全措施落实、文字清楚简练等标准。

一、指导思想

贯彻"健康第一"的指导思想，以全面实施素质教育，注重学生的全面发展为目标，培养学生的创新和实践能力，充分发挥学生的主体地位，挖掘学生的潜能，启发学生积极思考。武术教师要尊重学生，平等对待学生，与学生相互合作。要创设武术教学情境，营造活跃的武术课堂氛围，引导学生自主学习，合作学习，探究学习，让每一个学生都会武术锻炼的方法，培养学生自信自强的优良品质及爱国主义精神。

二、教材分析

教师要认真钻研教材，把握新授课和复习课的教学顺序；根据该项教材内容的技术结构、教材的重点和难点以及要解决的问题，选择相应的措施。教材内容更培养学生学习武术的兴趣，培养学生尚武崇德、尊师重教、讲理守信、见义勇为、不凌弱逞强等高尚的道德品质，培养学生学习和运用所学动作套路进行经常性身体锻炼的意识。

三、学情分析

教师要全面了解和分析学生的情况，做到心中有数，使计划切实可行。对不同的班级、不同的学生能做到区别对待。武术教学设计要以学生为中心，全面了解学生的特点和实际情况，主要包括：身体素质、健康状况、武术基础、选择武术的动机、学习兴趣等。

四、教学目标

制定武术课的教学目标是教学的首要环节。教学目标主要是依据单元教学目标，并针对本课教材所要解决的主要问题，结合大多数学生的条件与起点水平制定的，是选择组织教法和制定运动负荷的依据。

教学目标一般分为三个方面：第一目标，知识与能力目标；第二目标，过程与方法目标；第三目标，情感态度与价值观目标。每次课的教学目标应准确、全面、具体，要突出重难点。

五、教学重难点

教学重点是武术教材中举足轻重、关键性的、最重要的中心内容，是课堂结果的主要线索，掌握了这部分内容，对于巩固旧知识和学习新知识都起着决定性作用。在武术教学中，要结合教学内容与学生实际，根据教学目标，恰当地将知识与能力、过程与方法、情感态度价值观统一起来来确立教学重点。

教学难点是武术教学中难以理解或领会的内容。在教学中，要了解学生原有的武术知识和技能状况，了解他们的兴趣、需要和思想状况，了解他们的学习方法和学习习惯来确立教学难点。

六、教学策略

在武术教学中，学生对传统的武术教学方法容易产生厌倦心理，达不到学习的目的和效果。相反武术教师若采用直观的、趣味的、易于模仿的、自我创新学习的教学方法，学生会比较感兴趣。因此武术教师应在教法上采用示范、启发、点拨、分组探究等方法引导学生学习。教师要考虑到学生的个体差异，采用各组轮流展示学习成果的方法，让不同层次的学生都能尝到成功的喜悦。要充分发挥体育骨干的作用，培养同学之间的合作与探究能力，培养良好的人际关系，让学生体验参加各种武术学习活动的乐趣。

七、教学过程

武术教学过程是指在武术教师有目的、有计划的指导下，学生学习和掌握武术的基本知识和技能，培养积极参与武术锻炼的意识和能力，促进身体健康，促进心理健康，提高社会适应能力的过程。在教学中，根据课的目标，教师应有目的、有计划地安排教学内容、教法手段和步骤、练习的时间和次数、运动负荷的预计、场地器材的布置等。

开始部分的主要内容是组织教学和集中学生注意力，做好上课准备。一般应由体育委员整理队伍，报告人数，记录考勤，然后师生问好，行抱拳礼，教师宣布本次课教学目标和内容，提出上课要求并安排见习生。

准备部分的主要内容是进行身体各部分的热身练习，为进入基本部分做好思想和身体各方面的准备。

基本部分是教学过程中衡量武术课教学目标完成与否的主要环节，包括教学的动作名称、要领、简图、教学要求、教学重点和难点、易犯错误以及纠正办法、保护与帮助等。

在教学中应根据武术课的目标和主要教材的性质与学生的特点合理安排一些必要的辅助练习，如诱导性练习或转移性练习和提高身体素质的练习，以便学生更好地掌握武术内容和提高身体训练水平。要合理安排好密度与运动负荷，注意练习与休息合理地相互交替。要根据人数、场地器材条件以及教材的特点，采用全班的、分组的或个人的形式进行练习，以便贯彻区别对待的原则。

结束部分主要任务是放松活动与课堂小结。放松活动采用轻、柔、缓、慢的练习内容。课后小结是指教师及时将本课教学任务完成情况、学生的优缺点、重要经验与教训进行总结，并填入记录栏内，积累教学工作资料，以便日后进行总结研究。

八、场地器材

从本校的实际情况出发，充分利用场地器材，尽可能做到武术场地既不空置也不拥挤，尽量平均每节课时的班级人数，做好高中低段的合理搭配。既要兼顾注重教学的系统性，又要注重个性教学的创新性，使有限的场地、器材能发挥最大的作用。

九、预计教学效果

教师在教学目标的制订过程中，对武术教材的特点、重点、难点及学生的情况等要进行透彻的分析，教法与学法的选择要遵循教学原则和学生生理、心理特点。教师要预计学生会顺利地达到本节课制订的教学目标，学生会在教师的指导下认真参与各项练习，课堂气氛活跃，师生情感融洽。教师要预计学生平均心率为多少次每分钟，最大心率为多少次每分钟，最大心率出现在武术课的什么时候，整堂武术课练习密度约为多少，练习强度等级为多少，等等。

十、课后反思与总结

课后反思是指教师教完一堂课后，对整个武术教学过程的设计与实施进行回顾和小结，将经验、教训和体会记录在案的过程。它是教师自我完善、自主发展的一种方式，是促进武术教师专业成长的重要而有效的途径。

第八节　武术教学评价

在武术教学中，教师要在教学评价中做到过程评价与终结评价相结合，定性评价与定量评价相结合，平时检查与定期考核相结合，他人评价与自我评价相结合。教师要以提高教学质量为出发点，注重过程性和个体性评价，以人为本，调动学生学习的积极性，以达到增强体质的目的。教学评价应包括下列几方面。

一、武术学习过程评价(20%)

武术过程的评价应包括学生学习武术动机、参与武术锻炼的积极性、对武术的认知情况、阶段能力提高程度、武术意志品质培养等几个方面。

(1)学习武术的动机

在武术教学评价中，首先要看一个学生对武术课的学习动机。根据是否全身心地投入本教学的全过程、是否能遵守课堂纪律、能否注重武德、在学习过程中与同学是否有合作精神、在分组练习和小组比赛中是否有集体荣誉感等方面对学生综合评价。

(2)参与武术锻炼的积极性

武术评价的重要因素要看学生在练习武术的过程中的积极性，是积极参与还是消极应付；对学习武术动作是有浓厚的兴趣和饱满的热情，还是一般对待；在活动过程中，能否友好相处，关心和尊重别人。

(3)对武术的认知情况

首先看学生能否记住武术动作的要领和有关知识，再看能否理解这些动作要领和有关知识，最后看能否将有关的已知武术知识运用到学习中，解决简单的问题。例如，一个学生在考核武术动作时，做得并不理想，但他能讲出这个动作的名称，并知道这一动作的攻防含义，甚至会举一反三讲出一串动作的用法，那么这个同学在掌握武术知识方面是应当得到肯定的。

(4)阶段能力提高程度

在武术教学过程中，学生之间的体能、武术基础存在很大的差异，这种差异对于每个学生的武术学习都有非常重要的影响。教师在评价中，应充分认识到这种差异，切实了解和掌握学生的情况。只要学生在学习武术过程中，有阶段性的提高，教师都应当给予鼓励和肯定，使他们看到成绩，看到希望，以提高学习武术的积极性。

（5）武术意志品质培养

武术教学的功能之一是可以培养学生的意志品质，这也应当作为武术评价的一个方面，主要看学生在学习过程中，是否有克服困难的勇气，完成武术动作的自信心和不怕苦和累的精神。

二、运动技术与技能评价(40%)

（一）武术技术与技能评价的依据

武术技术与技能的评价相对更直观，也是评价内容的重点。

1. 动作规格：是指动作质量的标准或对动作规定的要求。在评价中，首先看动作是否正确，然后看动作是否符合规范要求，最后看动作的姿势是否优美，舒展大方。

2. 劲力：是指技术动作中力的表现程度，主要看力点是否顺达。如冲拳，要看力是否通顺，并达到拳面；弹踢，则看是否力达脚尖，是否有爆发力。

3. 协调：是指手法、眼法、身法、步法的配合。练习器械时要看身体和器械是否协调一致。

4. 方法：是指武术动作中的招法。主要看方法是否清楚、正确。如弓步推掌的方法应是掌由腰间向前推出，力达掌根；如果掌从上向下出击，就成了劈掌，则方法不对。再如，少年拳中的马步横打，应是横向击打，力达拳眼；如果从腰间击出，力达拳面，则成了冲拳。

5. 神韵：是指眼神的运用。评判一个武术动作的好坏，除动作正确外，还要看眼神与动作是否配合得当，武术动作与眼神配合才能神形兼备。

（二）武术技术与技能评价的方法

1. 优秀：姿势正确，套路熟练，劲力充足，用力顺达，力点准确，手法、眼法、身法、步法(器械项目还须身械协调)协调者为90～100分。

2. 良好：姿势正确，套路较熟练，用力较顺达，力点较准确，手法、眼法、身法、步法(身械)较协调者为80～89分。

3. 一般：姿势较正确，套路不够熟练，手法、眼法、身法、步法(身械)配合一般者为70～79分。

4. 及格：姿势较正确，套路熟练(有遗忘现象，但能够独立完成)，手法、眼法、身法、步法(身械)配合一般者为60～69分。

5. 不及格：姿势不正确，或错误动作较多，或遗忘现象较严重者为 59 分以下。完不成套路者为 0 分。

三、课外体育锻炼评价(20%)

评价标准：学生要积极参加课外武术练习，每周最少锻炼一次，每缺勤一次扣 2 分。

评价方法：学生以小组形式参加课外体育锻炼，凭卡记录学生出勤情况。

四、武术理论成绩评价(10%)

教师根据每学期的教学内容和任务给学生以相关的武术论文题目，学生通过各种科研方法和手段完成小论文。

五、课堂出勤与相互评价(10%)

教师根据武术课堂考勤记录及学生学习态度打分，如学生迟到的次数、出勤的次数、课上发言的次数、参与武术教学的积极性等。缺课达总课时的 1/3 者不允许考试，武术课成绩以 0 分记；每缺课一次扣 1 分。教师评价与学生互评有机地结合起来，以有效评价教师的课堂教学，真正起到提高教学质量的目的。

思考题

1. 简述武术教学的特点。

2. 如何运用完整示范与分解示范进行教学指导？

3. 在教学中如何灵活运用探究教学法？

4. 武术教学应注意哪些问题？

5. 武术套路教学与训练有哪些要求？

6. 简述散打教学与训练的要求和步骤。

7. 在自学自练武术的过程中，有哪些原则和注意事项？

8. 武术课教学设计包括哪些内容？

9. 怎样进行学校武术教学评价？

参考文献

[1]蔡仲林，周之华. 武术(第三版)[M]. 北京：高等教育出版社，2000.

[2]杨雪芹，赵泽顺. 体育教学设计(第二版)[M]. 桂林：广西师范大学出版社，2014.

[3]罗希尧. 中学体育教材教法[M]. 北京：高等教育出版社，2001.

[4]陈文卿，谢翔，甘式光. 学校体育学[M]. 桂林：广西师范大学出版社，2000.

[5]叶伟. 散打运动训练理论与实践[M]. 北京：人民体育出版社，2004.

编者简介：

林聪，男，硕士研究生，体育教育专业，教育学硕士学位，讲师。研究方向：体育教学；研究特长：武术。

第四章
武术图解运用与套路创编

■ 内容提要

本章对武术图解的基础知识、看图学习的方法、图解知识的运用做了说明，同时分别介绍了武术组合动作创编与武术套路创编的知识。

■ 学练目标

1. 掌握武术图解中的运动方向、动作路线及动作要求与要领，学会看图自学的方法。

2. 掌握套路创编的相关知识，培养创编套路的能力。

第一节　武术图解知识

武术图解指通过图示和文字来说明和解释武术动作的技术要领及动作特点。它既是记录武术动作和套路的主要方式，也是武术技术交流与推广的一种形式。武术图解由文字说明和插图两部分组成，文字说明叙述动作的详细过程和要领，插图描绘动作姿势和身体各部位的运动路线。正确掌握武术图解知识，不仅对自修能力的培养和技术水平的提高有重要意义，而且对中华武术的流传、推广和继承有着积极的作用。

一、图解基础知识

武术图解基础知识主要包括运动方向、动作路线、附加图、往返路线、运动方位、动作名称、术语运用、要领说明、叙述顺序、常用叙述词方面的内容。

(一)运动方向

武术图解中所指的运动方向,一般是以图中人的躯干姿势为准,并且随着躯干姿势所处位置的变化而变化。图中人的身前为前,身后为后,左侧为左,右侧为右,向地心为下,离地心为上(如图 4-1-1);此外还有左前、左后、右前、右后之分。转体时,则以转后的身前为前,身后为后,以此类推(如图 4-1-2)。另外,也有以东、南、西、北来表示方向的,这与看地图的方向是一致的(如图 4-1-3)。

图 4-1-1

图 4-1-2

图 4-1-3

武术的很多动作导致身体的变化很大,但始终以躯干姿势来确定方向,不受头部和视线的影响。

(二)动作路线

插图中一般用虚线(---→)或实线(──→)表示该部位下一动作行进的路线。箭尾为起点,箭头为止点。实线与虚线,分别表示左右边,一般左虚右实,如少年拳第一个动作"抡臂砸拳"(如图 4-1-4、4-1-5、4-1-6),其运动路线就是遵循"左虚右实"的原则。

图 4-1-4

图 4-1-5

图 4-1-6

但有的插图中右上肢和左下肢用实线表示,左上肢和右下肢用虚线表示。有的上下肢分别用虚实线表示。有的左右肢分别用虚实线表示。

有的插图还用螺旋线表示上身旋转、下肢扫转、上肢或器械绕圈的路线。如初级剑术第二段第八个动作"提膝下点"前的扫转动作（如图 4-1-7、4-1-8），以及第二段第二个动作"弓步下劈"前剑所走的路线都用了螺旋线的表示方法（如图 4-1-9）。

图 4-1-7 图 4-1-8 图 4-1-9

有的图解还加用足迹图，表示脚在运动中的方位及触地面积。虽然用法不一，但作用是一致的，都是指明下一动作将经过的路线。

（三）附加图

有些身体背向的动作，图示中无法表现，应附加一幅正面的动作图，与文字说明相吻合，运动方向和路线以原图为准。有些重要的技术细节，如缠、腕握把等动作，在整体图示中看不清楚，应附加一幅局部动作图。

（四）往返路线

武术套路由若干段（趟）构成，各段的往返路线，一般是单数段向左，双数段向右转回原来的位置。弄清段的前进方向之后，即使在前进中有转身的动作变化，在转身后仍须朝着原来的方向前进，这样段的方向就不会搞错。较为复杂的套路，每段的前进方向经常变化，可将一段分为若干小节，一节节地看就容易看懂了。有些图解绘有平面路线图，可以参考。

（五）运动方位

运动方位是以图中人的预备姿势的假设来确定的。通常设面对方向为南，右手为西，左手为东，背对方向为北。还有东南、西南、东北、西北等相应的方位。运动方位不受身体姿势变化的影响，全套动作方位固定不变。正确地掌握运动方位，会对套路的往返路线和动作布局的理解有很大帮助。

（六）动作名称

为简化文字说明，方便记忆与交流，武术图解常常使用动作名称。动作名称多以下肢的主要动作结合上肢的主要动作而命名，如"马步冲拳""弓步顶肘""虚步刺剑""歇步砍刀"等。有的根据动作形象命名，如"白鹤亮翅""回马刺枪""金鸡独立""手挥琵琶"等。掌握动作名称对建立完整的动作概念会有很大帮助。

(七)术语运用

为了简练,图解的文字说明中常用术语来解释动作,如步法中的上步、退步、插步等,步型中的弓步、马步、仆步等,腿法中的正踢腿、弹踢、侧踹腿等。有的从简说明,有的只用术语。掌握术语对正确认知和理解动作是十分重要的。

(八)要领说明

武术要领是指武术动作和技术的基本要求。有些武术图解中,在动作的后面附有"要领"或"要点",是为了提示完成该动作的关键,或者说明应注意之处。阅读或练习时必须认真领会动作要领,只有掌握了动作要领,并且反复练习,才能正确地完成动作。

(九)叙述顺序

文字叙述过程中,一般先写下肢(步行、步法、腿法等),然后写明运动方向(向前、向后、向左、向右等),再写上肢动作(手型、手法、器械持握方法及动作方法等),最后注明目视方向。但在个别情况下,也有以身体各部位运动的先后顺序来写的。

(十)常用叙述词

在动作说明中有左(右)或右(左)的写法,它是指左、右均可或左、右互换的意思。"同时"一词在文字说明中是指身体各部位在运动时同时进行的,不受文字叙述先后的制约,以免影响动作的协调。"上动不停"是指因为一个连贯完整的动作,由于图解的需要必须分成几个部分,为了不破坏动作的连贯完整性而采用此词,以免在学习动作时造成分割。"紧接上动"是指在节奏上两个动作间要连接紧凑,不应该有任何停顿,运用此词可以使读者明了其节奏。"自""经""至""成"等字是指某动作自起点途经过程到达某方位(或部位),变换成另一种形态或方法等。

二、看图学习的方法

(一)个人自学法

个人自学法是在无人帮助的情况下,借助一定的条件自学套路和动作的方法。这种方法一般适用于有一定武术技术基础和基本知识的学生。使用这种方法需要具备基本的武术技术自学基础,需要掌握正确的武术图解知识和具备一定的基本能力,即文字阅读能力和识图能力。

1. 看图和动作名称:按动作出现的先后顺序将3~5个动作划为一个小节,弄清动作图和动作名称,基本领会动作路线、方法以及动作间的相互衔接,接着将它们一一模仿、试练,建立初步的动作概念。

2. 看文字说明:形成初步的动作概念后,再进一步认真阅读和理解文字说明,以便掌握正确的技术规格，理解动作细节。此时可采用边看边做的方法，当逐步弄清每个小节动作的运动过程后，将这一小节的动作连贯起来进行反复练习，使之熟练。

3. 深化提高：基本掌握技术动作后，应及时参照要领和要点进行深化提高，直到基本达到要求后再进行新动作的学习；同时，还应不断地连贯复习，熟练巩固，这样才能收到良好的效果。

（二）合作自学法

合作自学法是与他人共同学习的自学方法。这种方法比较简单易行，对初学者较为适宜。这种学习方法有利于培养学生独立思维、认真钻研的学习作风；同时又强调相互帮助、团结协作的精神，消除依赖心理，达到共同提高学习效果的目的。其学习方法和步骤如下。

1. 明确分工

将自学者分为甲、乙两方。甲方（一般为一人）的任务是按照文字说明慢速正确地讲、读；乙方（一至多人）的任务是按照甲方讲、读的顺序和要求进行练习，并注意记忆。

2. 检查学习

乙方学习的同时，甲方对照书上的图解检查乙方的动作路线和方法是否正确。如果两者相符，说明动作无误；否则，就应及时查对，找出原因，避免形成错误的动力定型。

3. 相互交流共同探讨

每个人都较好地掌握套路动作后，再相互交流，改进技术，共同探讨要点、要求、教学教法。最后进行演练、观摩，使其在劲力、节奏、规格、精神、风格等方面，更加清楚准确。

以上两种自学方法可根据学生的自学能力、技术水平和环境条件选择使用，也可以结合起来综合使用。不论采用哪种方法，都应完整、准确、高效地掌握技术动作以达到自学的目的。

三、图解知识的运用（制作图解）

（一）分解动作

首先把每个动作分成若干个分解动作。较简单的动作可以少分解，复杂的动作要多分解，动作过程中的转折点要尽量分解。

（二）拍摄动作

按照分解动作的先后顺序进行拍摄。拍摄时对象的服装与背景颜色的对比度要大些，以显得画面清晰，动作清楚，便于以后的画线、绘图等工作。

（三）按动画线

分解动作图片拍摄、洗印后，先在图片上标好顺序号，以免混乱，然后按顺序进行画线。

(四)文字说明

1. 叙述动作

用通俗语言准确地说明动作顺序及过程。

2. 运用术语

要根据学习对象适当运用专业技术动作术语。如普及性的大众读物要尽可能地少用术语，针对武术专业人员的出版物可以多用术语。

3. 说明要点

动作叙述完成后，要写出要点。一般是在一个完整动作完成后，写出要点进行提示。

4. 提出教法

最后再写出教法提示。教法提示要在某个较复杂的重点动作后写，也可以在一个组合或一个分段后写。

(五)图文并茂

图文并茂，是指文字叙述要与图、线相互对应并准确一致。

(六)图片顺序

图片的排列顺序应以武术动作的前后顺序进行排列。

(七)书中序号

在书中，文字说明和其对应的图片不一定在同一页上，为了使文字说明和图片相对应，应用阿拉伯数字在图片下方标明序号。文字说明完毕后，应注明该文字说明所对应的图片序号。

(八)路线示意图及连续图片

一个武术套路是由许多个动作、若干个组合及分段组成。各个动作的运作路线(尤其是竞赛套路)越来越复杂多变。所以有必要在整套的图解完成后，配备一个动作路线示意图。

第二节　武术组合动作创编

在武术教学与训练中，经常要针对不同的对象和需要，创编一些新的组合。同时，也经常要参考和学习武术书籍中发表的一些传统的和创新的动作。因此，如何创编武术组合动作和怎样理解及制作武术书籍中的图解，是武术教学与训练中的一个重要环节。

武术组合动作是由若干个武术完整动作连接在一起的运动表现形式，也是武术教学和训练的主要内容。以组合动作的形式进行教学，不仅可以提高学生对动作的练习兴趣及熟练掌握技术的能力，而且满足了教学实践的要求，所以掌握基本组合动作的创编知识是提高教学和训练水平、培养学生能力的一个重要环节。武术组合动作创编是指教师根据教学对象的需要，运用相关知识创编出具有一定风格特点的组合动作，并进行教学，以提高学生对动作的练习兴趣及熟练掌握技术的能力，从而满足教学实践的要求。

一、武术组合动作的内容与分类

武术组合动作既是单独的武术攻防技术练习形式，也是武术套路练习中的主要方法。武术组合动作应依据练习目标进行选择和创编，并且要符合动作的变化规律，尤其是在攻防技击的组合动作安排上更要注意动作的合理性和实用性。通过组合动作的练习，可以在掌握基本动作的基础上，进一步提高各类动作的质量，增进身体的协调能力，掌握动作和动作之间的衔接要领，提高攻防技击能力、专业能力和专项身体技能。

根据武术项目的不同，武术组合动作可以分为如下几类。

（一）拳术组合

拳术组合是指根据拳术动作的基本内容，为了练习目标所编选的若干动作的组合练习形式。

（二）实用攻防技术组合

实用攻防技术组合是指根据武术攻防技击特点，依据攻防运动规律所编选的实用性组合练习形式。

（三）器械组合

器械组合是指根据武术器械动作的基本内容，为了练习目标所编选的若干武术器械动作的组合练习形式。

（四）对练组合

对练组合是指根据武术攻防和对练运动的特点，为了练习目标所进行的两人或多人的假设性对打组合练习形式。

武术组合动作是武术练习中的主要内容。一般情况下，应针对练习的对象和练习目标，有目的地编选合适、合理的练习内容。要本着由易到难、循序渐进的原则，注意体现动作的攻防变化，提高组合练习的实用效果。

二、武术组合动作创编的要求

(一)明确创编的目的任务

进行组合动作的创编一定要根据教学的对象,有针对性地选择一些适合对象特点和要求的内容,以达到教学的基本目标和任务。由于青少年学生的年龄特点和身体特点不同,对学习武术的动机和兴趣会有所区别,因而教学目的和任务也会有所不同。针对不同的目的任务选择教学内容和教学方法是创编组合动作的重要依据。

根据教学目标和要求进行创编时,在内容上要力求简练、易学、易懂、易记、易练。动作不宜太多,一般以 3～5 个动作为佳;动作路线变化不宜复杂;运动负荷不宜太大。在编排教学组合时,要注意由简到繁,由易到难,层次清楚,重点突出。

(二)突出重点攻防含义

动作的攻防含义是武术运动的本质,因此,在进行组合动作的创编时,不能一味地追求动作的造型,而忽略动作的技击含义;也不能一味地为完成动作中的手法、步法和腿法而显得太随意,从而失去武术本身所具有的攻防技击含义。尤其是在具有攻防技击性组合动作的创编中,要注意体现声东击西、左顾右盼、指上打下等技击智慧和攻防意识。现在的武术组合动作一般有两种情况:一是攻防性组合动作的创编,特点是突出技击性;二是武术套路意义上的组合动作创编,即以手眼身步为基础的各种拳种套路技术动作,特点是强调动作连贯、内外协调等。

(三)体现武术套路运动特点

在武术的组合中,动作的变化寓于丰富的动静、快慢、刚柔、起伏等运动形式和特点,要在编排中将这些对立与统一的技术动作进行合理的安排,尤其要注意几个方面的问题:一是技击合理性,攻防动作正确,符合技击要领;二是运动负荷适中,根据教学对象的特点合理地安排组合动作的负荷和强度;三是技术风格突出,根据教学的对象创编出一定风格的组合动作,如适合男同学练习的勇猛、刚健、灵巧的组合动作和套路,以及适合女同学练习的优美、大方、富有韵味性的组合动作和套路。

(四)勇于创新

在创编组合动作时,不一定只借鉴于一种拳种、流派的动作、风格作为创编的素材,可以将许多地方拳种的动作加以改造,使之成为一种合理的动作和技术,然后编入组合中,形成具有武术运动特点和个性风格的组合,这样才符合教学中有创新的基本原则。没有创新的发展,武术也就没有生命力。

第三节　武术套路创编

随着武术运动的不断发展，武术在国内外得到广泛的普及，因此，我们要根据各种不同对象，创编出各种类型、各种层次的武术套路，以供学、练者选用。另外，竞技武术的发展，也需要在武术套路的内容、结构、形式等方面不断更新，以适应竞赛的需要及竞技武术的发展。因此，武术套路的创编工作是武术普及、武术教学、武术训练等工作中的一个重要环节。

做好武术套路的创编工作，要了解其基本知识，认清套路结构、类型，理解武术动作的特点；要依据武术套路的自身特点、不同任务及对象特点、体育美学中形式美的法则；要掌握创编程序，考虑创编时应注意的问题。

一、创编武术套路的基本知识及依据

（一）创编武术套路的基本知识

创编套路，首先需要了解套路的基本知识，理解其结构、类型及动作特点等，这样才能使创编工作更加顺利。

1. 武术套路结构

武术套路的内容，包括手法、眼法、身法、步法以及各种器械方法结合身体姿态的完整动作；若干个相同或不相同的单个动作紧密和谐地连接在一起的组合动作；若干个组合连接在一起，由场地这一半场至另一半场的分段动作；以及若干个分段组合成的完整套路。武术套路中的运行结构包括开始（即起势）、运行中（即往返段落）、结束（即收势）。

2. 武术套路类型

（1）竞技武术套路

竞技武术套路包括规定套路和自选套路。

①规定套路

具有明确的目的性及方向性。如在规定套路中有的是着重于统一动作规范及风格特点，有的是着重提倡一些被人们忽略了既主要而又难做的技术内容，有的则是为了提高运动技术水平及引导武术套路技术的发展方向，还有的是为了在全国乃至世界范围内的推广与普及。

②自选套路

首先要具备规则中所规定的内容，另外要充分地考虑到演练对象的性格和身体素质等特点，一般来说它代表着竞技武术的发展状态。

（2）传统套路

具备本门派的风格特点和主要内容，从而保留、继承其传统性。

（3）大众性套路

简单、易学、易推广，其目的是为较低水平武术爱好者提供练习，起到扩大对武术的宣传及全民健身的作用。

3. 武术动作特点

在整个套路中有若干个不同类型的动作，而每个动作的不同特点反映出各种不同的运动形式。

动：一般指动作的过程。

静：一般指停滞两秒钟的定势动作。

急：多体现于手法、腿法、步法及器械方法等动作。

缓：主要体现于蓄劲及柔和的身法等动作。

刚：多体现于进攻性的劲力动作。

柔：体现于防守、身法、化劲等动作。

转：指摆、扣、碾转等步法带动身体移动及腰部的拧转的动作。

折：主要体现于上体的前俯、后仰、侧倾等动作。

起：体现于腰身及下肢的向上伸展为主的动作。

伏：体现于下蹲等重心下降等动作。

站：主要体现于两腿伸直的站立等动作。

立：主要体现于单腿支撑等动作。

（二）武术套路创编依据

创编套路一定要依据任务的不同、对象特点的不同，在动作结构、技术内容及特点上有所不同。依据武术套路的自身特点创编，才能不脱离正确的创编轨道。依据体育美学中形式美的法则，才能提高演练水平及体现其艺术性特征。

1. 依据武术套路的自身特点

武术套路内容是由各种手法、腿法、器械方法等，与协调和顺的身体姿势相配合，从而构成多种多样的完整动作，其内容丰富多彩。在组合动作的编排上，要体现声东击西、左顾右盼、指上打下等机智灵敏、变换多样的攻防技击意识。

2. 依据不同任务及演练对象的特点

套路创编要根据不同的任务、不同的对象所要达到的目的去进行，否则就会无的放矢，事倍功半。群众性的普及套路要易学、易会、易练，路线变化较简单，运动负荷不宜太大，等等。在创编竞赛用的自选套路时，要考虑到规则的要求、演练对象本身的技术风格特点，以及不同的身体条件和生理特征。

另外，还要根据年龄特点区别对待。以儿童少年为对象所创编的套路，要多选择起伏、转折、快速多变的内容，以体现其机灵、活泼；对年龄较大较成熟的运动员，要选择一些劲力突出及运用身法等类型的动作，以体现其扎实的功力及多彩的韵味等。

3. 依据体育美学中形式美的法则

形式美法则是人类运用形式规律创造美的形象的经验总结。整齐、层次、和谐、对比、均衡、节奏、多样和统一等都是形式美的表现形式。在创编套路时必须遵循这一美学规律，才能更充分地体现出武术动作及套路的优美及艺术性特征。在编排套路动作时，对整套动作难度的分布、高潮的出现要有合理严谨的布局，通过快慢节奏、刚柔力度、高低起伏和幅度大小等对比手法进一步表现出每个动作的特点，使之犹如一首完整激昂的乐曲，起伏跌宕。另外，还要遵循技击规律，注意虚实、开合、攻防、进退等变化，以及布局上的往返穿插、迂回转折。在创编时还要注意动作的多样化及生动性、身体动作与器械方法上的和谐统一，使整个动作更加协调完整。

二、创编武术套路的程序

（一）内容设计

内容是武术套路的主体。内容的深度、广度和特点，反映着一个套路的难度、全面性和风格，并代表着演练者的水平和能力。内容的核心是素材。内容设计成功与否，取决于武术动作的收集。武术动作就其在套路中的特点及作用可分为基本动作和重难点动作。

基本动作指构成武术攻防的基本动作。基本动作形式变化多样，可引申出多姿多态的武术组合动作。

重难点动作指动作能体现演练者个性、运动风格的核心动作和难度动作，它反映了一个套路的深度和特点，是套路的精华，对整个套路具有烘托作用。

（二）确定轮廓

根据对象特点及任务，考虑动作的难度、数量、组别及运动量等，设计出整个套路的初步结构框架。

（三）收集素材

根据对象的特点，以及套路的整体构思进行有针对性的调查、采访及观摩。收集素材时要选择那些符合自己身体特点、形态优美、造型别致、节奏变化大、力度感强、充满浓郁武术特色的动作。

（四）逐组逐段编排

在以上工作的基础上，即可详细地进行逐组、逐段的编排。重点组合动作最好放在核心位置及场地中央，难度动作不宜放在结束位置。要考虑到组合与组合之间的衔接、对比、呼应。整套动作效果不要前松后紧，也不要前紧后松。要把难度动作、效果动作以及运动量大小不等的动作，进行有机的、合理的穿插，使其充分适应练习者的技术水平并达到较好的演练效果。

（五）路线方向安排

武术套路竞赛是在长 14 米、宽 8 米的长方形场地内进行，在套路的编排中，要充分利用这个场地，力求路线和动作方向活跃多变。可采取直线、曲线、弧线等，尽可能使套路动作布满整个场地，形成合理完美的路线方向布局。

（六）反复实践，不断完善

整个套路初步形成后，要广泛征求其他同人的意见，再让练习者进行实践，进一步检查整个布局是否合理，组合及段落的衔接是否和顺，高潮的体现是否突出，节奏的变化是否明显，以及体力的分配是否得当，等等。总之，要进行反复练习，不断地进行充实及调整，使其逐渐得到完善。

三、创编武术套路应注意的问题

（一）创编竞技武术套路应注意的问题

1. 注意理解竞赛规则。

2. 注意起、收势的处理。

3. 注意照顾全面，发挥特长。

4. 注意追求变化。

5. 注意运用运动生物力学等相关知识。

在创编套路、设计组合动作时，考虑动作与动作之间的衔接，充分利用作用力与反作用力、惯性力、弹性力等相关学科知识，会使组合动作更加完整，衔接更加流畅，用力更加经济。

（二）创编传统武术套路应注意的问题

传统武术门派繁多，有很强的区域性，所以在创编传统武术套路时除了注意在创编竞技武术套路时应注意的问题外，还应注意以下三点。

1. 注意了解本拳种发源地区人文地理的文化特色。

2. 注意了解本拳种的主要风格特点。

3. 注意了解本拳种与其他拳种的不同之处。

(三)创编大众性武术套路应注意的问题

1. 注意简单易学、便于推广、科学健身的原则。

2. 注意简洁、实用的原则。

3. 注意美观大方、观赏性强的原则。

思考题

1. 武术图解包括哪些基础知识？

2. 试述合作自学的方法和步骤。

3. 如何制作图解？

4. 什么是武术组合动作？武术组合动作的内容有哪些？

5. 武术组合动作创编的要求有哪些？

6. 创编武术套路的程序包括哪些内容？

参考文献

1. 蔡仲林，周之华. 武术(第三版)[M]. 北京：高等教育出版社，2000.

2. 全国体育院校教材委员会. 中国武术教程(上、下册)[M]. 北京：人民体育出版社，2004.

编者简介：

姜凤云，女，硕士研究生，教育学硕士学位，副教授。研究方向：民族体育教学与训练；研究特长：高校武术教学理论与实践研究。发表论文 10 余篇，其中 CSSCI 收录 1 篇，出版著作 1 部，参与编写教材 2 部。

第五章
武术运动的评判

📖 内容提要

　　本章主要对竞技武术套路的竞赛评判、武术散打比赛规则与裁判法做了简介，对学校与基层武术的竞赛评判做了说明。

📖 学练目标

　　1.了解竞技武术套路的竞赛评判方法与标准、武术散打竞赛的规则与裁判法，掌握学校与基层武术比赛的组织与评判方法。

　　2.具备组织评判学校与基层武术比赛的能力。

　　今天的竞技武术以竞技和夺标为目的，更注重武之"力量"与"速度"、"拼搏"与"观赏"，更强调规则的规范化、科学化；传统武术则以武艺高超为人熟知，更以其精神品格的异乎常人、人生境界的超凡绝俗而为人们叹为观止，突出的是个人的创造性、门派技法的独特性，强调的是优美的形态、和谐的神韵、巧妙而又灵活多变的技艺、高尚的武德情操和坚强的意志品质。

　　竞技武术与传统武术都是中国武术的有机组成部分，是中国武术的两种不同类型和存在方式。它们具有不同的习练目的、不同的竞技方法、不同的练功方法与不同的技法特点，对其评判和欣赏也就具有不同的依据和方法。

第一节　竞技武术套路的竞赛评判

　　竞技武术的评判依据是武术竞赛规则。规则是提高比赛公正性与观赏性的重要手段和依据，不仅要在比赛的评分中充分体现客观性、公正性，同时还要鼓励技术上的不断创新，提高动作难度，使武术比赛更精彩，更具有观赏价值。

一、竞技武术套路竞赛规则简介

　　《武术套路竞赛规则和裁判法（2024 试行版）》（见参考文献）中的竞赛规则，进一步着眼于武术国际化，着眼于奥运会，保证与"难美技能类项目"的跳水、体操、花样游泳等一样，最大可能地体现竞赛过程中的客观、公正和技术上的创新。该规则共 9 章 48 条，对于竞赛组织机构、竞赛要求和竞赛办法、评分方法和评分标准都做出了具体的规定和要求。以下从竞赛的一般常识和评分方法与标准两方面进行简要介绍。

（一）竞赛的一般常识

　　1. 执行裁判人员的组成：总裁判长 1 人、副总裁判长 1～2 人。各裁判组设有裁判长 1人、副裁判长 2 人；A 组评分裁判员（动作质量的评定）3 人；B 组评分裁判员（演练水平的评定）3 人；C 组评分裁判员（难度的评定）3 人。编排记录长 1 人，检录长 1 人。

　　2. 竞赛类型分为：个人赛、团体赛、个人及团体赛。按年龄又可分为成年赛、青少年赛、儿童赛。

　　3. 竞赛项目：长拳、太极拳、南拳、剑术、刀术、枪术、棍术、南刀、南棍、太极剑、太极扇、传统拳术、传统器械、对练和集体项目。

　　4. 竞赛年龄分组：成年组 18 岁（含 18 岁）以上、青年组 15 岁至 17 岁、少年组 12 岁至14 岁、儿童组 11 岁（含 11 岁）以下。

　　5. 比赛顺序的确定：在竞赛委员会和总裁判长的监督下，由编排记录组抽签决定出场顺序。

　　6. 赛场礼仪：运动员听到上场点名时和完成比赛套路后，应向裁判长行抱拳礼。

　　7. 比赛计时：运动员由静止姿势开始动作，计时开始；运动员结束全套动作后并步站立，计时结束。

8. 比赛示分：运动员的比赛结果，公开示分。

9. 名次判定中得分相等的处理：个人项目以完成动作难度分高者、以完成高等级难度动作数量多者、以演练水平分高者、以演练水平扣分少者、以动作质量扣分少者按顺序排列名次。全能或团体得分相等时，以比赛中获单项第一名多者列前，依次类推。

10. 竞赛有关规定

（1）难度填报：参赛运动员必须根据竞赛规则和规程要求选择难度和必选主要动作，于赛前按规程要求的时间在规定网站上填报"自选套路难度及必选动作申报表"，并按赛会要求以书面形式配以技术图解和本人演练的视频片段等形式寄往赛会（以到达邮戳为准）。

（2）套路完成时间：长拳、南拳、剑术、刀术、枪术、棍术、南刀、南棍规定套路，成年不少于1分20秒钟、青少年不少于1分10秒钟、儿童套路演练时间无要求。自选套路：成年1分20秒钟～1分35秒钟、青少年1分10秒钟～1分25秒钟。太极拳、太极剑、太极扇自选套路：2分45秒钟～3分15秒钟。规定套路：42式、陈式、杨式、吴式、孙式、武式太极拳竞赛套路5～6分钟，42式太极剑竞赛套路、24式太极拳套路4～5分钟，32式太极剑套路、第三套国际武术竞赛套路——太极拳、太极剑和太极扇3～4分钟。对练套路：50秒钟至1分钟。集体项目：3～4分钟。

（3）各项目套路的规定动作

自选长拳、剑术、棍术套路的内容规定如下。

长拳：至少包括拳、掌、勾三种手型，弓步、马步、仆步、虚步、歇步五种步型，直摆、屈伸、扫转三种腿法，三种拳法，两种掌法，一种进攻性肘法，一种持久性平衡。剑术：至少包括弓步、仆步、虚步三种步型，一种持久性平衡，刺剑、挂剑、撩剑、点剑、劈剑、崩剑、截剑、剪腕花八种剑法（其中必须有完整的左右挂剑接背后穿挂剑）。棍术：至少包括弓步、仆步、虚步三种步型，平抡棍、劈棍、云棍、崩棍、绞棍、戳棍、舞花棍、提撩花棍八种棍法（其中必须有连续三个一次性完成的双手提撩花棍）。

自选太极拳、太极剑、太极扇套路的内容规定如下。

太极拳：至少包括两种腿法，弓步、仆步、虚步三种步型，揽雀尾、左右野马分鬃、左右搂膝拗步、云手、左右穿梭、掩手肱捶、左右倒卷肱、搬拦捶八种动作。太极剑：至少包括弓步、仆步、虚步三种步型，刺剑、左右挂剑、撩剑、点剑、劈剑、截剑、抹剑、绞剑八种剑法。太极扇：至少包括开扇、合扇、刺扇、挂扇、撩扇、点扇、劈扇、抛接扇八种扇法，弓步、仆步、虚步三种步型。

自选南拳、南刀、南棍套路的内容规定如下。

南拳：至少包括弓步、马步、仆步、虚步、蝶步、骑龙步六种步型；麒麟步一种步法；横钉腿一种腿法；虎爪一种手型；挂盖拳、抛拳两种拳法；滚桥一种桥法。南刀：至少包括缠头刀、裹脑刀、劈刀、抹刀、格刀、截刀、扫刀、剪腕花刀八种刀法；弓步、马步、仆步、虚步、蝶步、骑龙步六种步型；麒麟步；横钉腿。南棍：至少包括劈棍、崩棍、绞棍、滚压棍、格棍、击棍、顶棍、抛棍八种棍法；弓步、马步、仆步、虚步、蝶步、骑龙步六种步型；麒麟步；横钉腿。

对练套路的内容规定如下。

徒手对练：至少应包括三种拳法、两种掌法、五种腿法和两种跌法。器械对练：至少应包括六种器械方法、两种腿法和一种跌法。徒手与器械对练：至少应包括三种拳法、四种器械方法和两种跌法。

集体项目的内容规定如下。

内容至少应包括五种步型、五种手法或器械方法、四种不同类型的腿法和三种跳跃。队形至少应包括五种不同图案的队形变化。

(4)比赛音乐：规程规定配乐的项目必须在音乐(不带歌词)伴奏下进行，音乐可以根据套路的编排自行选择。

(5)比赛服装：裁判员应穿统一的服装，佩戴裁判等级标志；运动员应穿武术比赛服。

(6)比赛场地：个人项目的场地长 14 米、宽 8 米，场地周围至少有 2 米宽的安全区。集体项目的场地长 16 米、宽 14 米，场地周围至少有 1 米宽的安全区。场地四周内沿，应标明 5 厘米宽的白色边线，比赛场地内的灯光照度应符合高清电视转播要求，通常不低于1000 勒克斯。

(7)比赛器械：国家体育总局武术运动管理中心指定的器械。左手持剑或抱刀，剑尖和刀尖不低于运动员本人耳上端，刀彩自然下垂的长度不短于 30 厘米。左手持扇根部，扇首朝上，扇首不低于运动员本人肘部；扇面上端的弧形边沿不能高过扇骨顶端 1.5 厘米。棍、南棍的长度不低于运动员本人身高。枪的长度不低于运动员本人并步直立直臂上举时从脚底至中指尖的长度，枪缨长度不短于 20 厘米且不得太稀疏。南刀刀尖在运动员左手抱刀时不低于本人下颌骨。

(8)比赛设备：大型比赛必须配备摄像机 4 台、放像设备 3 台、电视机 3 台，以及全套电脑计分系统和音响系统。

(二)评分方法与标准

武术套路竞赛各项目评分均为 10 分制。

自选项目(长拳、太极拳、南拳、刀术、剑术、棍术、枪术)的动作质量分为 5.00 分(由 A 组 3 名裁判员评判)，演练水平分为 3.00 分(由 B 组 3 名裁判员和裁判长评判)，难度分为 2.00 分(由 C 组 3 名裁判员评判)。对练项目、集体项目、无动作难度组别要求的竞赛项目动作质量分为7分(由A组3名裁判员评判)、演练水平的分值为3分(由B组3名裁判员和裁判长评判)。

A组裁判员根据运动员现场完成动作时出现的动作错误和其他错误进行扣分;B组裁判员根据运动员整套动作的演练评定等级分数,并对不符合编排要求的内容进行扣分;C组裁判员根据运动员动作难度和连接难度的完成情况进行加分。

1. 动作质量的评定与动作质量应得分的确定

由A组裁判员根据运动员现场完成动作的质量,按照"动作规格常见错误内容及扣分标准"的要求,用动作质量的分值减去各项动作规格错误的扣分和其他错误的扣分,即为运动员的动作质量分。

2. 演练水平的评定与演练水平应得分的确定

(1)自选项目:由B组中一名裁判员加裁判长根据运动员整套动作的现场演练,按照劲力、节奏及音乐的要求进行整体评判后确定的等级平均分数,减去另外2名裁判员对套路编排错误的扣分,即为运动员的演练水平分。

(2)对练项目、集体项目、无动作难度要求的项目:由B组裁判员和裁判长根据运动员整套的现场演练,按照劲力、风格、节奏、协调、编排及音乐的要求进行整体评判评定等级分数,并对套路中的编排错误进行扣分。B组4人评出的等级分数,去掉最高分和最低分,取中间两个分数的平均值为演练水平的等级分。演练水平等级分减去编排错误的扣分,即为运动员的演练水平应得分。

3. 难度的评定和难度应得分的确定

由C组裁判员根据运动员现场整套难度动作的完成情况,按照"动作难度等级及分值"和"连接难度等级及分值"的加分标准,确定运动员现场完成动作难度、连接难度的累计分,即为运动员的难度分。

4. 运动员实际应得分数的确定

(1)自选项目:动作质量应得分、演练水平应得分和难度应得分之和,即为运动员自选项目的应得分数。

(2)对练项目、集体项目、无动作难度组别要求的竞赛项目:动作质量应得分和演练水平应得分之和,即为运动员(队)的应得分数。

5. 裁判长的加分、扣分

(1)裁判长的加分:裁判长执行对比赛中被确认完成的创新难度的加分。

(2)裁判长的扣分:裁判长执行对比赛中重做、套路时间不足或超出规定的扣分。

6. 运动员最后得分的确定

(1)自选项目：裁判长从运动员的应得分中减去"裁判长的扣分"，或加上创新难度的加分，即为运动员自选项目的最后得分。

(2)对练项目、集体项目、无动作难度组别要求的竞赛项目：裁判长从运动员的应得分中减去"裁判长的扣分"，即为运动员的最后得分。

二、武术套路比赛裁判法简介

裁判法是对竞赛规则的细化说明和执行指导。武术套路裁判法是以《武术套路竞赛规则》(见参考文献)为准绳，以运动员临场技术发挥为依据，结合竞赛规则的基本精神及时、准确地对运动员进行得分判定的评判方法。但武术套路的评判内容多，裁判员要在短时间内完成快速、准确的评判工作，存在一定的困难。这就需要裁判员要在充分熟悉规则的基础上，准确把握评分标准和方法，总结套路演练的基本规律，有层次地对武术套路内容进行认真观察和比较，才能准确地完成评判工作。

(一)动作质量分值的评判

武术套路动作质量分值的评判依据是武术套路竞赛规则中的"动作规格常见错误内容及扣分标准"。动作规格实际上就是每一个完整武术动作所包含的"型"和"法"的技术要求。"型"是指手型、步型、身型，"法"是指手法、步法、身法、腿法、眼法、跳跃、平衡和各种器械的运用方法。套路演练中，对动作"型"的判定，主要看其定势动作中"型"的规格正确与否；对"法"的评判着重要看动作方法是否正确，运行路线是否合理、清楚，力点是否准确，等等。

对动作质量的评分原则是，出现一次错误扣一次分，累计扣分，具体实扣。比赛过程中，运动员的演练速度很快，裁判员应通过特定符号记录的方式在边看边记的过程中，把运动员在动作规格方面的错误一一清楚地标示出来，并认真累加，做到快速而准确的评判。

(二)演练水平分值的评判

演练水平分值的评判是针对整套动作演练水平和能力的综合印象判定，评分依据是通过与标准动作进行比较而得出的结果，具有一定的抽象成分。因此，裁判员不仅要全面熟悉竞赛规则精神，而且还要对所评项目熟悉了解，通过观看运动员的现场发挥水平，在全面把握的基础上，具体分析，分清档次，使评分尽可能趋于合理。

1. 对劲力、协调的评分

劲力即完成武术动作的身体能力，包括完成武术动作的劲力和协调两部分。

劲力主要是指运动员在完成动作时对力的运用和体现。其要求是：用力顺达，发力完整、协调，刚柔得当，力点准确。

协调是指运动员在完成动作的过程中，手法、眼法、身法、步法及与器械的合理配合。武术套路动作讲究手法、眼法、身法、步法等协调一致，眼随手走，手到步到，上下相随。其中，最重要的又是身法和步法，即所谓"身促手动、步随身转"。

劲力与协调是相辅相成、不可分开的统一体。劲力的完整需要周身动作的协调，僵硬、松懈、蛮劲都是身体各部位不协调的结果。劲力顺达是身体协调的体现，协调是劲力的基础。因此，对劲力、协调的评分，需要考虑它们的相关性。

2. 对演练技巧的评分

演练技巧主要是指精神、节奏、风格三方面体现和把握的能力与方法。

精神是指演练者应该精神贯注，形神兼备，具有攻防意识和战斗气概。精神的体现是通过眼法的传神来实现的，拳谚曰"眼无神，拳无魂"，形象地说明了神志和目光是表现精神的重要"窗口"。

节奏是指套路动作演练中对动和静、快和慢之间关系的处理技巧。不同风格的拳种，具有不同的节奏要求，长拳节奏明显、快速有力，太极拳缓慢柔和、绵绵不断。演练时应动如波涛汹涌，静如止水之势，快如雷鸣闪电，慢如雄鹰盘旋长空。

风格是指套路的技术特点和运动风貌。风格突出，既要求演练者的动作技术演练符合该套路项目的击法要求和技术特点，还要求体现出对该项目的技术特点和运动特色的理解。

3. 对编排(内容、结构、布局)的评分

套路的编排体现出演练效果和特色的形成。充实的内容，不仅包括基本动作、技术方法的充实和全面，更包括动作是否具有代表性。内容空洞、单调或多有重复现象者，缺少攻防和规则规定的内容，都应予扣分。合理的结构，不仅包括套路中动作的衔接与安排是否合理、紧凑，段与段、组与组、动与动之间的衔接是否顺畅、和谐、巧妙，还包括动作是否有起伏转折，是否富有变化。匀称的布局，主要是指整个套路演练对场地的运用是否合理、恰当、均衡，是否富有变化。任何偏重、局限、呆板的布局都须酌情扣分。

(三)难度动作的评分

难度动作是竞技武术发展的必然产物，也是中国武术进一步国际化、竞技化的必然选择。其设置目的在于增加竞技武术套路的可比性和裁判员评分的区分度。比赛过程中，运动员对难度(包括难度连接)动作完成得成功与否，直接影响他的比赛成绩和名次。因此，难度动作(包括难度连接)也必将作为未来竞技武术套路比赛的重要得分依据。

对武术难度动作的得分评判，首先要熟练难度动作的规格要求（符合武术项目特征的），熟悉完成难度动作过程中常见的不足和扣分要点，依据临场表现，准确判断。

（四）对其他错误的扣分

对其他错误的扣分是指裁判员对比赛中运动员完成动作技术时失误的扣分。自选套路、其他拳术、器械、对练项目、集体项目都有相对应的"其他错误内容及扣分标准"。评判过程中，裁判员应对规则规定的扣分内容和相应的扣分分值熟记在心，做到熟练执行。按照其他错误出现一次扣一次，将扣分点及时记入评分表中。一个动作同时出现两种以上错误时，应累计扣分。

第二节　散打的竞赛评判

现行的武术散打竞赛规则分国际性比赛使用的《国际武术散打竞赛规则与裁判法》和国内锦标赛使用的《武术散打竞赛规则与裁判法》。国内散打锦标赛使用的《武术散打竞赛规则与裁判法》是根据接轨国际比赛的精神，同时顾及国内散打运动发展的现状，于2004年由中国武术协会汇集国内武术散打界的著名学者、专家、裁判员、教练员共同修订完成的，分为《武术散打竞赛规则》和《武术散打竞赛裁判法》两部分（见参考文献）。《武术散打竞赛规则与裁判法（试行）》后来又于2016年由中国武术协会再次汇集国内武术散打界的著名学者、专家、裁判员、教练员共同修订完成。以下介绍的是国内锦标赛使用的《武术散打竞赛规则（试行）》和《武术散打竞赛裁判法（试行）》。

一、《武术散打竞赛规则（试行）》简介

规则共分9章33条，对于竞赛的种类和办法、评分方法做出了具体的规定和要求。为了方便了解散打竞赛规则的基本要求，以下从三个方面进行简要介绍。

（一）竞赛的一般知识

1. 散打的竞赛种类包括团体比赛、个人比赛。竞赛办法有循环赛、淘汰赛。每场比赛采用三局两胜制，每局比赛2分钟（青年比赛和少年比赛可采用1分30秒），局间休息1分钟。

2. 资格要求：

（1）成年运动员的参赛年龄为18～40周岁；青年运动员的参赛年龄为16～17周岁；少

年运动员的参赛年龄为 12～15 周岁。

（2）只有注册运动员持身份证方可参赛。

（3）运动员必须有参加该次比赛的人身保险证明。

（4）运动员必须出示报到之日前 15 天内，县级以上医院出具的包括脑电图、心电图、血压、脉搏等指标在内的体格检查证明。

3．体重级别分为：48 公斤级、52 公斤级、56 公斤级、60 公斤级、65 公斤级、70 公斤级、75 公斤级、80 公斤级、85 公斤级、90 公斤级、100 公斤级、100 公斤以上级，共 12 个级别。

4．称量体重：

（1）运动员经资格审查合格后方可参加称量体重，必须携带本人身份证。

（2）必须在仲裁委员的监督下称量体重，由检录长负责，编排记录员配合完成。

（3）运动员必须按照大会规定的时间到指定地点称量体重。称量体重时，运动员须裸体或只穿短裤(女运动员可穿紧身内衣)。

（4）称量体重先从比赛设定的最小级别开始，每个级别在 1 小时内称完。在规定的称量时间内体重不符合报名级别时，则不准参加后面所有场次的比赛。

（5）当天有比赛的运动员，须在赛前规定的时间内称量体重。

5．抽签：

（1）由编排记录组负责抽签，仲裁委员会主任、总裁判长及参赛队的教练员或领队参加。

（2）在第一次称量体重后进行抽签，由比赛设定的最小级别开始。如该级别只有 1 人，则不能参加比赛。

6．服装护具：

（1）运动员必须穿中国武术协会认定的武术散打比赛服装及护具。

（2）比赛护具分红、蓝两种颜色，包括拳套、护头、护胸；运动员须自备护齿、护裆和缠手带。护裆必须穿在短裤内，缠手带的长度为 3.5～4.5 米。

（3）女子运动员和男子 65 公斤级及以下级别运动员的拳套重量为 230 克；男子 70 公斤级至 85 公斤级的拳套重量为 280 克；男子 90 公斤级及以上级别的拳套重量为 330 克。

7．竞赛中的礼节：

（1）每场比赛开始前介绍运动员时，运动员向观众行抱拳礼。

（2）每局比赛开始前，运动员上台后先向本方教练员行抱拳礼，教练员还礼；运动员之间再相互行抱拳礼。

（3）宣布比赛结果时，运动员交换站位。宣布结果后，运动员先相互行抱拳礼，再向台上裁判员行抱拳礼，裁判员还礼。然后向对方教练员行抱拳礼，教练员还礼。

(4)边裁判员换人时，互相行抱拳礼。

8. 弃权：

(1)比赛期间，运动员因伤病(须有医务监督出具的诊断证明)或体重不符合报名级别不能参加比赛者，作弃权论，不再参加后面场次的比赛，已取得的成绩有效。

(2)比赛时，运动员实力悬殊，为保护本方运动员的安全，教练员可举弃权牌表示弃权，运动员也可举手或主动下台弃权。

(3)不能按时参加称量体重、赛前3次检录未到或检录后擅自离开不能按时上场者，作无故弃权论。

(4)比赛期间，运动员无故弃权，取消本人全部成绩。

9. 竞赛中的有关规定：

(1)临场执行裁判人员应集中精力，不得与其他人员交谈，未经裁判长许可，不得离开席位。

(2)运动员必须遵守规则和比赛礼节，尊重和服从裁判。在场上不准有吵闹、谩骂、甩护具等任何表示不满的行为。每场比赛未宣布比赛结果前，运动员不得退场(因伤需急救者除外)。

(3)比赛时，教练员只能代表所报名单位，着正装坐在指定位置进行现场指导，并只能带一名队医或助手协助工作。

(4)运动员严禁使用兴奋剂，局间休息时不得吸氧。

10. 竞赛裁判人员的组成：总裁判长1人，副总裁判长1~2人。裁判长、副裁判长各1人；台上裁判员、边裁判员3人或5人；根据比赛需要，可设2~3个裁判组轮流执裁；记录员、计时员、编排记录长、检录长各1人。

11. 台上裁判员根据规则用口令和手势指挥运动员进行比赛，判定运动员倒地、下台和犯规、消极、强制读秒、临场治疗等有关事宜，宣布每场比赛结果。

12. 比赛胜负的判定：每局比赛结束，3名或5名边裁判员根据裁判长信号，同时显示评判结果，裁判长依据结果判定该局胜方。一场比赛一方先胜两局，为该场胜方。

13. 例外的胜负判定：一局比赛中，一方两次下台或被强制读秒两次，另一方为该局胜方；比赛中台上裁判员认为双方实力悬殊，在征得裁判长同意后可判强者为优势胜利；一场比赛中，一方被重击(侵人犯规除外)倒地不起达10秒，或虽能站立但知觉失常，判对方优势胜利；一场比赛中，被强制读秒(侵人犯规除外)达3次，判对方为优势胜利。

(二)得分标准与判罚规则

1. 禁击部位：后脑、颈部、裆部。

2. 得分部位：头部、躯干、大腿。

3. 禁用方法：

(1)用头、肘、膝和反关节的动作进攻对方；

(2)迫使对方头部先着地的摔法或有意砸压对方；

(3)用任何方法攻击主动倒地方的头部和被动倒地方。

4. 得2分：

(1)一方倒地，站立者得2分；

(2)一方下台，另一方得2分；

(3)用腿法击中对方头部、躯干部位者得2分；

(4)用主动倒地的动作致使对方倒地，而自己顺势站立者得2分；

(5)被强制读秒一次，对方得2分；

(6)受警告一次，对方得2分。

5. 得1分：

(1)用拳法击中对方头部、躯干部位得1分；

(2)用腿法击中对方大腿者，得1分；

(3)先后倒地，后倒地者得1分；

(4)运动员消极比赛，被指定进攻后5秒内仍不进攻，对方得1分；

(5)主动倒地超过3秒不起立，对方得1分；

(6)受劝告一次，对方得1分。

6. 不得分：

(1)方法不清楚，效果不明显，不得分；

(2)双方同时倒地或下台，不得分；

(3)抱缠时击中对方；

(4)用方法主动倒地，对方不得分。

7. 技术犯规：消极搂抱对方；处于不利状况时举手要求暂停；比赛中对裁判员有不礼貌的行为或不服从裁判；有意拖延比赛时间；上场不戴或有意吐落护齿，松脱护具；运动员不遵守礼节；消极逃跑。

8. 侵人犯规：在口令"开始"前或喊"停"后进攻对方；击中对方禁击部位；用禁用的方法击中对方；运动员故意使对方的伤情加重。

9. 罚则：每出现一次技术犯规，劝告一次；每出现一次侵人犯规，警告一次；侵人犯规达3次，取消该场比赛资格；运动员故意伤人，取消比赛资格，所有成绩无效；运动员使用违禁药物，或局间休息时输氧，取消比赛资格，所有成绩无效。

10. 暂停比赛：运动员倒地（主动倒地除外）或下台时、运动员犯规受罚时、运动员受伤时、运动员相互抱缠没有进攻动作或无效进攻超过 2 秒时、运动员主动倒地超过 3 秒时、运动员举手要求暂停时、裁判长纠正错判漏判时、处理场上问题或发现险情时、因灯光场地等客观原因影响比赛时、被指定进攻超过 8 秒仍无进攻等情况时，应暂停比赛。

（三）比赛场地和器材

1. 比赛场地：比赛场地为高 80 厘米、长 800 厘米、宽 800 厘米的擂台，台面上铺有软垫；软垫上有盖单；台中心画有直径 120 厘米的中国武术协会的会徽。台面边缘有 5 厘米宽的红色边线；台面四边向 90 厘米处画有 10 厘米宽的黄色警戒线。台下四周铺有高 30 厘米、宽 200 厘米的保护软垫。

2. 器材：比赛须配备摄像机 2 台、放像机 1 台、电视机 1 台以及电子评分系统一套。

二、《武术散打竞赛裁判法(试行)》简介

裁判法是依据《武术散打竞赛规则(试行)》编写的，规则的基本精神是：保护运动员的安全；促进散打技术发展；保证公正、公平的竞赛原则。为了保证竞赛规则基本精神的准确和有效落实，裁判法的制定就是对竞赛规则的具体细化和实际操作指导。以下是对比赛时台上裁判员，依据《武术散打竞赛裁判法(试行)》进行裁判的具体解释。

1. 净打 2 分钟：指每局比赛除暂停之外的实际比赛时间。当开表时间累计达到 2 分钟时，鸣锣通告一局比赛结束。

2. 用迫使对方反关节的动作攻击对方：指采用方法固定对方关节前端并击打、拧扳或迫使其关节超出正常活动范围的攻击动作。

3. 迫使对方头部先着地的摔法：指在使用摔法过程中，控制住对方的身体，强迫对方头部先着地，有意伤害对方。

4. 有意砸压对方：指对方倒地时，顺势用身体的某一部位再次加力于对方身体的某一部位，以达到使对方丧失战斗力的目的。

5. 读秒：读 8 秒——台上裁判员在读秒过程中，运动员已举手示意可继续比赛，但仍须读完 8 秒后再继续进行比赛；读 10 秒——台上裁判员在读秒过程中，运动员没有示意要求继续比赛，或虽已示意可以比赛，但发觉其知觉不正常时仍须读到 10 秒，一旦读到 10 秒，则表示该场比赛已经结束。

6. 消极 8 秒：指台上裁判员用"指定进攻"的手势指定一方运动员进攻后，该运动员在 8 秒钟后仍不进攻的行为。

7. 倒地：指除两脚以外的任何身体部位支撑了台面。

8. 主动倒地：指两脚以外的其他身体部位需要先支撑台面后才能使用让对方倒地的方法或使用方法后必须倒地的进攻方法。

9. 主动倒地超过3秒：指使用主动倒地动作进攻没有击倒对方，或使用主动倒地进攻动作时被对方反击所迫不能在3秒钟内迅速站立。

10. 击中：指运动员使用允许的方法击打到对方的得分部位后产生相应的效果。一般从以下4个方面进行判定：看进攻，进攻动作清晰，击中点准确；看防守，击中时没有相应的防守动作或击中在先而防守动作在后；看位移，击中后产生的位移现象；听声音，击中对方后发出清脆或沉闷的响声。

11. 下台无效：一方下台时，另一方虽在台上但没有与台下运动员身体的某一部位脱离，均被视为无效。

12. 抱缠时击中对方不得分：指一方运动员抱住另一方运动员后，或者在双方互相搂抱的过程中击打对方，尽管是有效部位但仍不予计分。

13. 消极搂抱：指为了达到不让对手进攻或反击的目的，而一味采取抱缠的行为。

14. 每局胜负判定：边裁判员用色别标志（色别灯、色别牌）表示胜负结果，红色或黑色多者为胜方。

第三节　学校与基层武术的竞赛评判

学校与基层武术竞赛的主要目的是推动学校武术教学与基层武术活动更好的发展，吸引越来越多的人加入到武术学习和练习的队伍中来，营造良好的学校武术教学与基层武术活动的氛围，贯彻素质教育，传承优秀传统体育文化，推动区域文化建设。它们与已经作为国际竞赛内容的竞技武术比赛完全不同。因此，学校与基层武术竞赛，首先需要明确和规范的是竞赛评判的指导思想；其次，其评分方法和要求要体现竞赛的公正性、客观性与观赏性，同时也能促进学校武术教学与基层武术活动水平的不断提高。

一、学校与基层武术竞赛的评判指导思想

根据学校与基层武术竞赛的目的和要求，学校与基层武术的竞赛并不以夺标为根本目

的，它们看重的是武术的锻炼价值、教育功能、社会价值和文化传承功能。因此，技术水平的高低和难度的大小也就不能成为评判学校与基层武术竞赛活动的成功或价值的主要依据，学校与基层武术竞赛的评判指导思想也就应该定位于：

1. 让关注武术竞赛开展活动的人越来越多。

2. 学校与基层武术活动的基础和氛围越来越浓厚。

3. 武术对学校与基层人群的教育和影响度越来越高。

4. 有利于提高学校与基层武术整体水平。

二、学校与基层武术竞赛的评分标准和方法要求

学校与基层武术作为一项教育社会文化活动，竞赛评判的指导思想已经定位于文化的传承与建设、人的发展、促进整体技术水平的提高，那么其竞赛评判的评分标准和方法也应该相应地服务于评判指导思想。即不以动作难度和个体技术水平的高超作为成绩评判的绝对或主要标准，而是以对武术基本技术、基本动作能力、基本演练水平、对武术的认识和理解的程度等相对简单而非精细化的内容作为竞赛的评分标准和方法要求。

（一）竞赛的评分标准

1. 动作规格

动作规格是保证武术动作基本规范、体现武术项目特征的最基本要求。在武术竞赛规则中，动作规格的分值历来占到 50％以上，足见其在整个武术评判中的位置。在学校与基层武术竞赛中，首先看动作是否正确（手型及各种步型），然后判断动作是否符合规格要求（手型及各种步型的规范），再看动作的熟练程度和姿势是否优美、大方。

2. 动作方法

动作方法是指踢、打、摔、拿等动作的完成是否表现出了武术动作本身所具有的技击含义，这也是武术项目本质特征之所在。在完成这些动作时，动作方法是否正确、清楚，主要从动作的起止点、动作路线和力点表现进行判断。如弓步推掌的动作方法，要求掌由腰间沿直线向前用力地旋转推出，力达掌根，如果做成掌从上向下击出，则为劈掌，方法不对。又如"弹腿冲拳"，应先抬大腿再迅速将小腿踢出，膝部伸直，脚面绷平，力达脚尖，如果没有大小腿折叠后的弹摆，则为体操中的踢腿，方法不对。只有基本动作的方法正确，才能使内在的精神意识通过动作表达出来。

3. 劲力协调

劲力协调实际上是衡量武术演练水平的主要标准，也是武术技术中既有密切联系又有不同要求的两个方面。劲力体现出技术动作中力的表现能力，用力的顺畅和力点的准确是

劲力水平的直接体现。如在做冲拳、推掌、顶肘、弹腿、蹬腿等基本动作时，需要看用力过程是否通畅、顺达，力点是否准确达到拳面、掌根、肘尖、脚尖、脚跟，并富有"寸劲"（爆发力）。协调是看完成武术动作的过程中，完成动作的肢体即手、眼、身、步之间的配合是否顺畅，动作是否僵硬。此外，如果是器械动作演练，还要看身体与器械之间是否协调一致，持在手中的器械是否能很好地融入肢体的运转之中。总之，对劲力协调的评判，在学校与基层武术竞赛中反映的就是参赛选手完成动作的基本能力和对武术动作的理解，属于较为重要的评分标准之一。

4. 精气神韵

演练武术动作时，要求精神贯注、情绪饱满，表现出勇敢、机敏和无所畏惧的气概，这种精神的呈现在脸部应该是"含而不露""神态舒展"，在肢体应该是"动迅静定"。而神韵则是指眼神在与肢体动作配合中的运用，能否把一招一式的攻防动作的内在意识完整而充分地表达出来，中国武术的"神形兼备"特点表达的就是武术动作的一举手、一投足与眼神的密切配合。在学校与基层武术竞赛中，精神神韵也是反映选手完成动作的基本能力、对武术动作的理解、对武术项目的认识和了解程度的评判指标。

（二）评分的方法要求

1. 动作规范，方法清楚，劲力顺达，节奏分明，手法、眼法、身法、步法协调配合，能熟练完成动作，可列为竞赛优胜者，评分可在 9 分及以上。

2. 动作规范，方法清楚，劲力比较顺达（稍显生涩），手法、眼法、身法、步法能较好配合（没有明显脱节感），能比较熟练地完成动作，属于中上等水平，评分可在 8～8.9 分。

3. 动作比较规范，方法比较清楚（规格与方法有部分明显不到位），手法、眼法、身法、步法配合相对生涩，但能较为顺利完成动作，属于中等水平，评分可在 7～7.9 分。

4. 动作无大错误，方法基本体现（规格与方法大部分明显不到位），动作虽有不协调现象，但僵劲不十分突出，也能基本完成动作，属于鼓励对象，评分可在 6～6.9 分。

思考题

1. 竞技武术套路的评分方法与标准主要有哪些？

2. 武术散打竞赛的得分标准与判罚规则主要有哪些？

3. 学校与基层武术竞赛评分的标准和方法要求与竞技武术比赛评分的标准和方法要求有哪些不同？

参考文献

1. 中国武术协会. 武术套路竞赛规则和裁判法（2024 试行版）［EB/OL］.（2024-10-12）

［2024-12-15］. https：//www. wushu. com. cn/#/rulesOfCompetition/rulesOfCompetitionDe-tail？ id＝2832.

2. 中国武术协会. 武术散打竞赛规则（试行）［EB/OL］. （2021-02-03）［2024-12-15］. https：//www. wushu. com. cn/#/rulesOfCompetition/rulesOfCompetitionDetail？ id＝917.

3. 中国武术协会. 武术散打竞赛裁判法（试行）［EB/OL］. （2021-02-03）［2024-12-15］. https：//www. wushu. com. cn/#/rulesOfCompetition/rulesOfCompetitionDetail？ id＝918.

编者简介：

曾亦菡，女，硕士研究生，体育教育硕士学位，硕士研究生导师，教授，国家级武术套路裁判，中国武术七段，常年从事武术套路和养生瑜伽的教学、科研和比赛裁判工作，多次获得"优秀教师"称号，先后主持完成国家社科基金项目、云南省哲学社会科学规划项目等多项科研项目。研究方向：民族传统体育学；研究特长：高校武术教学方法，武术套路竞赛裁判规则与方法。著有高等院校体育教材《点苍擒拿八法》及《高校瑜伽系统化教学研究》等书。

王建超，男，硕士研究生，体育教育硕士学位，副教授。研究方向：体育教育、民族体育研究；研究特长：高校武术教学教法，武术散打裁判规则与方法。发表论文10余篇，拥有专利2项，主持厅级课题多项。

第六章
武术技法分析

📖 内容提要

本章对套路演练技法、散打技法做了简单介绍，并对套路演练中的长拳、太极拳、南拳、形意拳、剑术、刀术、棍术、枪术的基本动作方法、技法特点进行了说明。

📖 学练目标

1. 了解套路演练和散打运动的基础知识、技法特点和技术要求；学会使用相关理论知识，为以后的武术训练奠定基础。

2. 初步掌握套路演练和散打运动的技法，不断提高实际演练水平和综合运用武术技法的能力。

　　武术技法是指武术练习的技术要求与带有规律性的技巧方法。武术区别于其他体育项目之处，表现为它以套路运动为主，同时兼有功法和格斗运动形式，其动作均具有攻或防的属性。其中，武术的套路运动对身法、眼法、精神、劲力、呼吸、节奏等方面都有比较全面的要求，充分体现出中国武术内外兼修的特点和形神兼备的演练技巧。而散打作为继承和表现中国武术的徒手格斗技术，最为突出的方面就是把传统格斗术中单纯注意招法的观念发展成为把体能、智能与技能相融合，突出其综合运用能力，从而明显区别于武术套路的运动形式。

第一节 套路演练技法分析

长拳的"四击、八法、十二型"，太极拳的"体松心静、虚灵顶劲、含胸拔背、沉肩坠肘"，南拳的"硬桥稳马、拳势刚烈"，形意拳的"内三合、外三合"，剑术的"轻快敏捷、把活腕灵"，刀术的"刀手配合、势猛法诈"，棍术的"梢把兼用，横打一片"，枪术的"枪扎一线、工于一圈"等，都是武术套路技法的内容。

一、拳术

拳术是武术运动的主要内容，通常指徒手套路。武术拳种纷纭、流派众多，1979 年全国挖掘整理武术遗产资料显示，依据拳流有序、拳理明晰、风格独特、自成体系等原则，确定全国共有 129 个拳种。当前流行较广的有长拳、太极拳、南拳、形意拳、八卦掌、少林拳、八极拳、翻子拳、劈挂拳、戳脚等拳种，本节主要介绍长拳、太极拳、南拳、形意拳四个拳种的基本动作方法要求、技法特点。

（一）长拳

长拳是现代武术运动中的主要拳种之一，它是在吸取了查拳、华拳、炮拳、红拳、少林拳等传统拳种之长的基础上发展起来的新拳种。长拳具有姿势舒展、快速有力、动迅静定、节奏鲜明的运动特点。"长拳"一词最早见于明朝戚继光《纪效新书·拳经捷要篇》中的"古今拳家，宋太祖有三十二势长拳"。所谓长是相对短而言，长拳则是相对短打而立名，这正如明代唐顺之《武编》所言："逼近用短打，若远开则用长拳。"

现代长拳套路还包括长拳类器械套路，如刀、枪、剑、棍套路，是中华人民共和国成立后武术教学训练与竞赛的主要内容之一。

1. 内容

长拳包括基本功、基本动作和组合动作，单练套路、对练套路。其中，单练套路又分为规定套路和自选套路。

（1）规定套路：规定套路是由原国家体委及其有关部门统一编制的套路，20 世纪 50 年代有初级和甲、乙组套路，以后又有"少年长拳""青年长拳"等套路。随着武术运动的发展与推向世界的需要，1989 年有关部门推出第一套为第 11 届亚运会创编的国际武术竞赛套路。2001年国际武术联合会组织编写最新国际比赛套路，每个套路均由不同难度、组别和数量的规定动作组成，具有严格的统一规范和标准。

(2)自选套路：自选套路是指练习者根据自我身体素质和技术风格创编的武术套路。为适应竞赛的需要，武术竞赛规则对自选套路的动作数量、组别、规格、完成时间等均有统一要求和严格规定。其中，自选长拳至少包括拳、掌、勾三种手型，弓、马、仆、虚、歇五种主要步型和一定数量的拳法、掌法、肘法及不同组别的腿法、跳跃、平衡等动作，使长拳套路运动在动作结构、布局、编排和速度、难度、腾空跳跃等方面都有了新的突破与创新。竞技武术的蓬勃发展更加突出了对自选套路动作的规格化要求和套路创编的艺术性再创造，使其向"高、难、美、新"方向发展。

2. 动作方法

长拳的方法极为丰富，对手型、手法、身型、身法、步型、步法、跳跃、平衡等动作都有严格的规范要求。手法主要有冲、劈、崩、贯、砸等拳法，推、挑、撩、劈、砍等掌法，以及顶、盘、格、沉等肘法。腿法主要有弹、蹬、踹、点、铲、里合、外摆、拍、扫等方法。长拳的运动特点表现为撑拔舒展、势正招圆、快速有力、灵活多变、蹿蹦跳跃、闪展腾挪、起伏转折、腿法较多、节奏鲜明、气势磅礴。

3. 技术要求

(1)姿势：指静止的身体形态。长拳的姿势要求头正、颈直、沉肩、挺胸、立腰。上肢动作要舒展挺拔，下肢动作要稳定，整个形体动作的姿势要匀称。从姿势和精神状态上还要体现出攻防意识。

(2)方法：指武术中踢、打、摔、拿等技击动作的运用方法。在完成这些动作时，起止点、路线、力点都要清晰、准确，并应充分体现出动作的攻防特点。如"弹腿冲拳"，应先抬大腿再迅速将小腿踢出，要求膝部伸直，脚面平，力达脚尖；冲拳时，拳要从腰间沿直线向前快速有力地旋转冲出，力达拳面，上下肢动作应协调一致，做到"手到眼到"。只有动作方法明确，才能使内在的精神意识通过动作更好地表达出来。

(3)身法：指在运动中以躯体为主、结合攻防动作的身体变化方法。长拳运动中的闪、展、腾、挪、起伏、转折等动作变化在躯干的紧密协调配合下，达到上下和顺、首尾相连、完整一体。因此，躯干是上下肢运动的纽带。要使身法恰到好处，除应加强躯干的柔韧性训练外，还要体会动作要领和攻防含义。在动作转换过程中，如何使躯干动作与各种攻防方法的运用自然、紧密地结合起来是体现身法的关键。

(4)眼法：指眼神与各种动作协调配合的方法，一般可分为随视和注视两种。随视是指眼神随运动中身体的某一部位运转，直到该动作完毕，要求"手到眼到""手眼相随"。注视是指定式动作时眼神盯住某一方向。演练武术时，要善于运用眼神，通过眼神把一招一式的内在攻防意识表现出来。

（5）精神：指在套路演练中武术意识、攻防思维活动的自觉心理状态。演练武术时，要求全神贯注、情绪饱满，能表现出勇敢、机敏、无所畏惧的气概。这种精神表现在面部，应是"含而不露""神态自然"。精神状态不仅要体现在攻防动作中，而且应贯彻在整个运动过程中，这样才能使套路演练得有气魄。

（6）劲力：指演练武术时完成技术动作所需力量的表现。劲力要求刚柔相济，顺达而有爆发力。在做冲拳、推掌、顶肘、弹腿、踹腿等动作时，要运用先柔后刚的"寸劲"，使力量顺达到动作的着力点。强调力要顺达，须明"三节""六合"。传统武术技击理论一般将人体分为三节，上肢为梢节，躯干为中节，下肢为根节。各节又可分为梢、中、根三节。明白三节各自具有的作用，有意识地采取相应的技法，如"起于根，顺于中，达于梢"，方能做到节节贯通、劲力顺达。六合是指手、肘、肩、脚、膝、胯部位的协调配合，体现出整体合一的劲力特点。另外，还要求以意识支配动作发力和以呼吸配合发力，做到内外合一，即所谓的"以意取力，以气催力"。

（7）呼吸：呼吸主要是指动作与呼吸协调配合的方法。长拳的呼吸要求"气宜沉"，如果不善于掌握和运用"气宜沉"的腹式呼吸方法，就容易造成供氧不足。

4. 技法特点

长拳的传统技法有"四击""八法""十二型"之说。

（1）四击：指踢、打、摔、拿，是长拳套路的技术核心，一切手法、身法、眼法都要贯穿"四击"内容。四击合法指长拳中的动作方法要符合这四种技击法则。踢、打、摔、拿自成体系，各有各的具体内容与运动方法。踢法有蹬、踹、弹、点、缠、摆、扫、挂等，打法有冲、撞、挤、靠、崩、劈、挑、砸、搂、拦、抄等，摔法有踢、别、揣、拱、切、耙、豁、掏、刀、勾等，拿法有刁、拿、锁、扣、封、闭、错、截等。长拳对踢、打、摔、拿具体内容的运动方法有非常严格的要求，即一招一式都要恪守"四击"法则，若背离这些技击法则，就不能真实地再现不同动作的攻防意义，也就失去了长拳技击动作的攻防意识与价值。

（2）八法：指手、眼、身、步、精神、气、力、功，即手法、眼法、身法、步法、精神、气息、劲力、功夫八个方面。其要求是：拳如流星眼似电，腰如蛇行步赛粘，精神充沛气宜沉，力要顺达功要纯。

（3）十二型：指用自然景象和动物来比喻武术中的十二种动静之势，即动势、静势、起势、落势、立势、站势、转势、折势、轻势、重势、缓势、快势，引喻为动如涛、静如岳、起如猿、落如鹊、立如鸡、站如松、转如轮、折如弓、轻如叶、重如铁、缓如鹰、快如风。这些比喻形象而生动地反映出长拳运动中的节奏感。

（二）太极拳

太极拳是我国武术运动中著名的内家拳种之一、武术竞赛的主要项目之一，目前流行较为广泛且运动特点比较显著的有五大派，即陈式、杨式、吴式、孙式、武式，其中陈式太极拳是最古老的太极拳。太极拳的共同特点是：动作路线处处带有弧形，运动连绵不断。由于练习太极拳时非常强调体松与心静，故经常练习可对中枢神经系统、呼吸系统、心血管系统、消化系统有良好的医疗保健作用。

1. 基本动作与要求

太极拳基本动作是掤、捋、挤、按、采、挒、肘、靠，亦称太极八法。练习时要求：头部，虚灵顶颈；上肢，沉肩坠肘、舒指坐腕；下肢，虚实分明；躯干，含胸拔背、松腰敛臀；整体，上下相随、内外相合、缓慢柔和、势势相连；意念，体松心静、动中求静、用意而不用力、呼吸自然。

2. 技法特点

（1）体松心静，虚灵顶劲

练太极拳时，首要的就是体松心静。所谓"体松"就是在练习太极拳的过程中，既要保证姿势正确，又要保持全身肌肉、关节、韧带和内脏都处于自然、舒展和尽可能放松的状态，做到全身不该用力之处不用力，逐步达到以松入柔、积柔成刚、刚柔相济。所谓"心静"就是在整个太极拳练习过程中，思维上尽可能排除一切与练拳无关的杂念，心理上始终保持着宁静状态，把思维集中到动作的完成上，依次把动作的细小环节想得周到细致，并用意识引导动作，不急不躁，不慌不忙，用意不用力地去完成动作。

经络学说有"头为百脉之首"之说，练习太极拳时要求头顶部百会穴轻轻上提，好似头顶上有绳索悬着，从而感觉有虚灵顶劲之意，也称顶头悬。虚灵顶劲可使头部自然垂直，有利于练拳时控制平衡和中枢神经对器官机能的调节等。要保持虚灵顶劲姿势不松塌和不强硬，颈项要端正竖起。颈项的自然放松竖起能使头部左右转动时自然灵活，达到头正、顶平。做到虚灵顶劲，才能精神饱满、意会贯注，保持练习时的动作沉稳和扎实。

（2）含胸拔背，沉肩坠肘

含胸指胸廓略向内微屈，使胸部有舒宽的感觉。太极拳的含胸拔背是身体的基本姿势要求，不是随动作变化而变动的。它既能使胸腔上下径拉长，膈肌有更大向下舒展余地，有利于腹式呼吸的深长，又能有助于身体重心的下沉。拔背指当胸向内微含时，背部肌肉往下松沉，两肩中间脊背鼓起上提，同时略向后上方拉起，使背部肌肉产生一定张力和弹性。

练太极拳时，在松肩的前提下要求沉肩坠肘。沉肩坠肘时有利于躯干的含胸拔背，同时会有身体重心下沉的内劲感觉。沉肩坠肘动作要保持腋下的回旋余地，不要把臂紧贴胸部或体侧，还要有微向前合抱的感觉。

（3）松腰敛臀，舒指坐腕

太极拳讲究含胸、沉气，因此在含胸时就必须松腰。松腰不仅帮助沉气和下肢的稳固，更主要的是它对动作的进退旋转、用躯干带动四肢的活动及动作的完整性起着主导作用，故曰："命意源头在腰际。"敛臀则指在含胸拔背和松腰的基础上使臀部稍做内收。敛臀时，应尽量放松臀、腰部肌肉，使臀肌向外下方舒展，然后轻轻向前、向里收敛，好像臀部把小腹托起，这样有利于气沉丹田的要求。

舒指指掌指自然舒展，掌心微合，虎口呈弧形，保持正确手型。坐腕指腕关节向手背和虎口一侧自然竖起，并微微向下沉坐。即《拳经》中所谓"练拳时发劲于腰，通于肩，达于臂，形于四梢"，"其根在脚，发于腿，主宰于腰，形于手指"。坐腕要求在手腕伸缩过程中，腕部既不能强硬，也不能松软，要有韧性地沉坐。坐腕动作不能没有，也不能下沉过大。没有坐腕，手臂动作势必僵硬；坐腕下沉过大，势必破坏动作的完整性。此外，舒指坐腕还要和沉肩坠肘及整体动作协调一致。

（4）缓慢柔和，势势相连

太极拳是中国传统养生学、养生术与武术运动相结合的产物，缓慢柔和是太极拳区别于其他武术运动形式的标志，也是其最为重要的一个特点。太极拳的这种缓慢柔和有着极为严格的外在规格和内在意念的要求，它不仅要求"内宜鼓荡，外示安逸"，而且要求"运劲如抽丝，迈步如猫行"，即动作要柔中寓刚、徐缓不躁而轻灵。

太极拳讲究一动无有不动，而且始终以意念引导动作。每当一个动作完成时，意念中就有下一个动作出现，要有意连形随的感觉。上一个动作和下一个动作之间没有停顿，保持着势势相连、绵绵不断，整个套路练习从头到尾给人一种连贯圆活、行云流水的感觉。

（5）动中求静，内外相合

太极拳以静御动，虽动犹静，故练架子越慢越好。呼吸深长，气沉丹田，学者细心体会，庶可得其意焉。太极拳所练在神，故云："神为主帅，身为驱使。"精神能提得起，自然举动轻灵。架子不外虚实开合：所谓开者，不但手足开，心意亦与之俱开；所谓合者，不但手足合，心意亦与之俱合。能内外合为一气，则浑然无间矣。

（6）上下相随，完整一气

《太极拳论》云："其根在脚，发于腿，主宰于腰，形于手指，由脚而腿而腰，总须完整一气也。"手动、腰动、足动，眼神亦随之动，如是方可谓之上下相随。有一不动，即散乱也。

(三)南拳

南拳是武术运动中的主要拳种之一、武术竞赛的主要项目之一,其拳势刚烈、步法稳固、腿法较少,常鼓劲而使肌肉隆起,以发声吐气助长动作发力。因原来主要流行于我国的广东、广西、福建、湖南、湖北、四川、江西、浙江等南方地区及东南亚各国,故而称为南拳。

中华人民共和国成立后,1960年南拳被列为全国武术竞赛项目;1961年后广东南拳中的虎鹤双形拳被修改编入了全国体育院校通用教材。从1990年第11届亚运会开始,中国武术协会组织专家,把南拳编成统一的竞赛套路,使其成为国内外的重大武术比赛项目。1992年年初,中国武术研究院又组织了部分专家及优秀运动员创编了具有南拳流派特点的"南棍""南刀"竞赛套路,作为我国第7届全国运动会武术比赛的规定套路。因此,南拳发展至今,不论是套路编排的科学性、风格特点的一致性,还是整体的运动技术水平,都有了较大的提高和发展。

1. 基本动作

南拳的主要手型有拳、柳叶掌、虎爪、鹰爪、鹤嘴手、单指等;主要步型有弓步、马步、虚步、拐步、骑龙步、半马步、单蝶步等;主要手法有左右抛拳、冲拳、盖拳、挂拳、鞭拳、推掌、标掌等;主要桥法有圈桥、缠桥、截桥、沉桥、架桥、穿桥、滚桥、攻桥等;主要步法有上步、拖步、盖步、麒麟步等;主要腿法有前蹬腿、前钉腿、横钉腿、踩腿、侧踹腿等。

2. 技法特点

(1)硬桥稳马,手法多变

"桥"是南拳中特有的一种动作。桥法即是臂的运行方法。"硬桥"即是对桥法的质量要求。南拳谚语中讲"手是铜锤脚是马",就是把手臂练得像铜锤一样坚硬,才能在攻防的对抗中得心应手,与他人交手接触时,自己不至于受伤。南拳的桥法,基本都用于防守,主要有截桥、架桥、缠桥、圈桥、穿桥、滚桥等。南拳中的"马"即为"桩步",是步型、步法的统称。所谓"稳马",就是要求桩步的沉实稳固、坚不可摧。南拳的步型虽有高矮之分,但必须做到高而不浮,低而不板,进退内转灵活。马步和弓步是南拳中的主要桩步,站桩时要求十趾抓地,落地生根,强调"稳如铁塔坐如山"。

南拳的上肢手法比其他拳种丰富而多变,不仅包括拳法、掌法、勾法,还有爪法、指法、肘法、桥法。南拳练习通常在步型不变的情况下连续完成若干次上肢动作,故有"一势多手,一步几变手"的说法。南拳多短拳,擅标手,跳跃、腿法动作少。其腿法也大多采用马、钉、踢、踩、弹等屈伸性腿法和小部分扫转性腿法,起腿一般要求高不过腰。

（2）拳势刚烈，刚劲有力

拳势，即气势。"呼喝则风云变色，开拳则山岳崩秃"，这是南拳区别于其他拳种的一个特点，如稳健沉实的步法、饱满刚烈的发劲、抑扬顿挫的节奏以及体格健壮、肌肉发达的形体等都是这一特点的具体表现。另外，南拳在套路演练时，还讲究发声呼喝。合理的发声能助拳势，助发力，助形象，有利于排除体内余气。南拳在演练时，一般要意识内守、含蓄，面部表情略带怒意，眉宇微内收，全神贯注于每一招、每一式，做到意、气、形之统一，有一种拳势威猛、气势逼人的演练效果。

南拳的发劲尽管分为短劲、长劲、弹抖劲、爆发劲等，但一般都要刚劲有力。其一要注意发力的顺序，"力从腰马生"，通过腿、腰、背、肩以及全身的协调一致，使力贯穿顺达，这是掌握南拳发劲的关键。正如拳家所说："力，其根在脚，发于腿，宰于腰，形于手。"其二要蓄发充分。南拳的发劲，强调在发劲前要有一个闭气蓄劲的过程，通过闭气，做到内紧（意识）外松（肌肉），通过呼气发力，达到以气催力，加大始发的速度和爆发性用劲。其三要力点准确、明显。南拳的技术动作大都讲究攻防含义，凡是进攻性动作，在演练时都要表现出明显的发力点，其中的冲拳、鞭拳和挂盖拳必须有明显的发力点，否则就体现不了南拳刚劲有力的风格特点。

（3）直项圆胸，脱肩团胛

南拳的身法讲究直项圆胸。直项就是要求下颌里收，使颈部伸直；圆胸就是要求胸微内含，稍呈圆形。直项有助于胸、背、肩、肘的劲力合一；圆胸则有助于沉气实腹，闭气蓄劲。

南拳的身法还讲究脱肩团胛。脱肩，是指两肩有意识地向下沉坠；团胛，是指肩胛骨向前微合，形成团状。脱肩下沉，有助于臂、肘的合力；团胛前合，使背部收紧，有助于发劲前的蓄劲。

（4）气沉丹田，节奏铿锵

南拳非常讲究气沉丹田，强调沉气实腹，使腹肌也参与收缩。沉气实腹，促使臀部必须收敛。它与直项圆胸、脱肩团胛以及脚趾抓地乃是一个整体，做到上下完整，周身劲力凝结一处，形成整力。

在武术套路运动的每一个子项目的演练中，都讲究演练的节奏。所谓节奏，实际上就是如何处理快慢、顿挫的问题。不同的拳种，有不同的节奏。"铿锵"，即为明快干脆，朗朗有声。南拳的动作虽然也有快、有慢，但快必须是方法清楚、动作到位、发力明显，并不是平平淡淡地一味求快，也绝不是拖泥带水地快；即便是慢，动作也是刚劲有力，如单、双推指手，要求肌肉极限收缩而隆起，直项圆胸，脱肩团胛，沉气实腹，以气催力，均匀而缓慢地用劲向前推出，在身体的外形上表现出一种"体刚劲粗"的特点。

(四)形意拳

形意拳是武术运动中的主要拳种，流派十分复杂，又称"心意拳""行意拳""六合拳""心意六合拳"等，是一种以三体式为基本姿势，以劈、崩、钻、炮、横为基本拳法，模仿和吸收了龙、虎、蛇、马、猴、鸡、燕等十二种动物的形态和技能特长所编制的拳术。形意拳讲究"象其形，取其意"，要求"心意诚于中，肢体形于外"，内意与外形高度统一。形意拳虽因流传久远及地域的不同而产生差异，但其拳理与技法大同小异。

1. 基本动作

形意拳的手型有螺形拳、卷心拳、形意掌、猴形拳、鼍形掌等；步型有三体式步、半马步、马步、仆步、弓步、独立步等；主要的拳法有劈拳、崩拳、钻拳、炮拳、横拳、抱拳、撞拳、架拳等；主要的掌法有劈掌、裹掌、按掌、托掌、推掌、立掌、刁手等；主要的步法有上步、跟步、退步、撤步、磨胫步、纵步、踏步、落步、跳步等。

2. 技法特点

(1)头顶项直，腰塌脊正

形意拳称"头为周身之主""头部正直、精气贯顶"，要求头部保持中正，颈部要有意识地竖直。尽管动作有起伏旋转，但头部始终要在自然竖直中含有轻微的顶劲。同时嘴要自然闭合，牙齿要叩住，舌尖抵上颚，神态要自然，精神要集中，下颌要内收，呼吸要自然。

形意拳对腰的要求是沉塌、挺拔，即塌腰、正脊。形意拳十分注重周身的完整与协调，因此，在所有动作的运动过程中，腰部都要始终塌住劲。腰为车轴膀为轮，腰似螺丝腿为钻，腰是枢纽足为基，起到连接上下肢动作的枢纽与主宰作用。切忌将塌腰理解为腰背健直，紧张而毫无弹性。要做到脊椎正直，就必须首先做到顶头、竖颈与塌腰，运动中随着动作的转换，脊椎也应随之做出伸缩、转折等变化，以协助臂、腿、腰的蓄劲与发力，但不能任意扭曲和插摆。"前俯后仰，其势不劲。左侧右斜，皆身之病"，背不正则身不正，身不正则势不稳，势不稳则气不沉，气不沉则力不实。

(2)松肩坠肘，含胸拔背

形意拳对肩有松、沉、扣、按四法要求，松肩以通气，沉肩以贯劲，扣肩以坚膀，按肩以发力。要求肩关节松沉，两肩微内扣，肘关节要保持垂坠，松肩坠肘应与含胸拔背密切结合。这样，一是可使肩肘与胸背和谐相依，二是可使气沉丹田，有助于下肢稳固。此外，出拳、劈掌、打拳时，肘部也要略屈下坠，臂不可完全伸直。凡两臂收放，肘都要贴靠两肋，"出洞入洞紧随身"，使全身的力量贯注到上肢，周身完整一气。

形意拳要求背圆、胸圆。含胸拔背不是静止的、孤立的，也不是一成不变的。所谓不是静止的是指由于头部上顶、颈部竖直、腰要下沉，使脊背自然产生上下拔伸的感觉；所谓不是孤立的是指由于两肩松沉、内扣，背阔肌尽力左右伸展而产生紧背、圆背的效果，两者合二为一，形成十字形的拔劲，做到了拔背，胸部也就自然内含了；所谓不是一成不变的是指行拳走势时，切不可机械地运动，一味追求含胸拔背，而应随着动作的变化使胸背相应地有所变化。

（3）提肛敛臀，收胯扣膝

拳语说"提肛收臀，气贯四梢"，要求臀部有意识地向内收敛，肛门括约肌要稍加收缩，即"提肛囊臀，谷道内提"，以此来制约臀部外突，保证腰脊和尾骨的中正，促进含胸拔背和气沉丹田，增大下肢对上体的支撑力。

形意拳以"三体式"为其基本桩步，形成别具一格的前三后七"夹剪"劲的特殊步型，要求前腿如夹剪之前上刃，前膝顺，前足轻；后腿如夹剪之后下刃，后足重。胯要微向里，内含"缩劲"；膝要微向里，内含"扣劲"。两腿要适度弯曲，还要拧腰、顺后膝。在此基础上才能使步型稳健，进退和顺，胯、脚紧密配合，以腰催胯、以胯催膝、以膝催脚，豁达顺畅。

（4）三尖相照，三节相随

拳语说"三尖相照""三节相随"，要求每个动作都要规范、正确。"三尖相照"指手尖、脚尖、鼻尖三者要相互照应，尽可能保持在一条垂线上。"三节"是根节、中节、梢节。上肢中肩为根节，肘为中节，手为梢节；下肢中胯为根节，膝为中节，脚为梢节。三节要相合，即上下肢动作要密切配合。要节节贯穿，动作要整齐和顺，手到步到，同起同落，做到拳语中的要求："心要正，眼要精，手足齐到定要赢。""手到步不到，打人不为妙；手到步亦到，打人如薅草。"这两句拳语形象地道出了手足齐到的规范要求，是技击实战的基础和制胜的法宝。

（5）腕塌掌撑，拳紧力足

形意拳中要求"手顶"，在一般情况下，出掌时要塌腕，掌心向前下方，五指微分，食指上挑，拇指外撑，虎口成半圆形，掌心内含，腕指部位不可松软懈劲，既要有向前的顶力，又要有向下的按劲。出拳时，则要求五指握紧，拇指压在食指和中指的第二节指骨上，食指突出，直腕，拳面如螺状，力量贯注拳的最前端。

拳语说："起势如崩墙倒，落地如树栽根。"要求力量充实，快捷有力，拳紧、步稳、脚实。凡下肢进步，都要前脚贴近地面，竭力向前，后脚全力向后蹬地，逢进必跟，做到"脚踩中门不落空，消息全凭后足蹬"。上肢动作则要做到两手争衡对拔，彼此呼应。如"横拳"，前手向前，前臂外旋，后手向后，前臂内旋，手如拧绳，融成一股合力整劲，以此充实周身之力。

呼吸自然是形意拳对气的要求。一般状态下，蓄劲时吸气，发力时呼气，以气助力，达到气力相合。同时要注意动作与呼吸的自然配合，呼吸自然才能使动作流畅。切忌挺胸、提腹、努气、拙力，此为形意拳的四大毛病。

(6)气势相连，内外合一

形意拳十分强调内外六合与气势相连。气势相连指一招一式均须贯穿一气，做到势断劲不断、劲变意相连，既有铿锵鲜明的节奏，又有断后复连、连绵相属的气势。内外合一指心与意合、意与气合、气与力合，此为内三合；肩与胯合、肘与膝合、手与足合，此为外三合。外三合还表现在"以首领身""以腰催胯、以胯催膝、以膝催足""以肩催肘、以肘催手、以手催指"。正如拳语所言："心气一发，四肢皆动"，形与意、内与外、周身上下无处不合，达到内外六合、形意合一、浑然一体的技法要求。

二、武术器械

武术器械众多，有"十八般武艺"之说，按类可分为长、短、双、软器械等。武术器械主要由古代战场上部分冷兵器或生产工具、生活用具演变而来。由于各个历史时期的特殊性而物随时易，其社会价值与功能也随之不断变化。武术套路演练中的器械基本是根据形制的特点，按照一定的劲力规律及模拟攻防格斗击法而形成各种武术器械之术。纵观中国武术发展史，剑术、刀术、棍术、枪术在众多兵械之中占据主体位置，而在当今的国内外武术竞赛中，也属主要的竞技项目。本节主要介绍短、长器械类中的代表性运动项目——剑术、刀术、棍术、枪术。

(一)剑术

剑是由古代兵器演化而来的常用武术器械之一，它是一种平直、细长、带尖、两边开刃的常用武术短器械。剑术是现代武术竞赛项目之一，竞赛用的剑身变薄，不开刃。运动形式上有立剑、行剑、长穗剑、短穗剑及单剑、双剑。剑术的运动特点是轻快洒脱、身法矫捷、刚柔相兼、富有韵律，有"剑似飞凤"之美誉。

1. 基本动作

剑术中主要有刺剑、点剑、劈剑、崩剑、撩剑、挂剑、抹剑、穿剑、截剑、斩剑、云剑、绞剑等基本剑法。

2. 技法特点

(1)轻快敏捷，以巧制胜

剑器薄长且为两面刃，受其形制影响，持剑时不可触身，不能像刀术那样做缠头裹脑、大劈大砍类动作。剑术中常用的点、崩、抹、绞等剑法，十分注重敏捷轻快，体现出"剑器轻清"的特点。这必然决定其在攻击中讲究以巧制胜，不宜硬挡硬架，而是避实就虚，借人之势，达到后发先制之效果。

（2）把活腕灵，剑法清晰

剑器的形制特征与各部位功能使得剑法颇多，这就要求剑术注重对剑法清楚准确的表达。剑尖锐利主于刺，剑锋呈斜主于点。而撩剑的运动路线为立圆，最终方位为前上或后下。在具体动作过程中，各种剑法的衔接变化须变换把法，如螺把、钳把、满把等，很多变化又与手腕的劲力运使技巧有关，如挂剑须扣腕、撩剑须旋腕，否则剑法就不能正确地表达。所以，要求执剑手的指、掌虚实变换，手腕灵活转展，恰到分寸地把持剑器，达到合理地调节剑法和劲力之变化。

（3）刚柔兼备，力贯剑器

一般而言，在剑术的攻防变化之间，剑法的劲力运使要体现柔中寓刚、刚中含柔、刚柔相济和防中有攻、攻中有防、攻防相间的技法要求。在具体的操作动作中，诸如穿、抹、撩、带等剑法应将劲力柔化于剑器之中，而敏捷出击的刺、劈、点等剑法应将劲力贯透至剑尖、剑刃、剑锋等剑器具体部位，进而表现出剑术的劲力美。

（4）身剑合一，气韵洒脱

"身剑合一"强调以身运剑，身法、步法、神意、剑法融为一体。其变化则身行如龙，剑行若电，身械如一。气韵，指剑术中的节奏和气度。剑术运动应气度宏大，洒脱自如，富有节奏变化的韵律感。

（二）刀术

据考证，旧石器时代晚期已经出现了石刀，以后人们又制造了骨刀、陶刀。刀在当时主要作为生产工具，同时也作为防御野兽袭击的武器。刀术在其发展进程中，形成了许多不同的流派和演练技法，兼具搏杀的技击性、舞练的表演性的特点。现代武术运动中的刀可分为单刀、双刀、长柄大刀三类。刀术被列为武术竞技项目之一。刀术的运动风格及特点是勇猛快速、刚劲有力、凶猛剽悍、气势逼人，有"刀如猛虎"的比喻。

1. 基本动作

刀术中主要有缠头刀、裹脑刀、扎刀、劈刀、撩刀、藏刀、扫刀、截刀、格刀、剪腕花、点刀、抹刀等基本刀法。

2. 技法特点

（1）劲足势猛，刚柔兼用

刀的形制特点决定了刀术尚猛的技法要求。古语有"刀之利，利在砍"，劈刀、砍刀是刀术的主要方法，它须借助有力的气势才能奏效。拳谚有"刀如猛虎"，就是指练习刀术应当劲力饱满，以刚为主，表现出咄咄逼人的凶猛气势。虽然刀术尚猛，但猛并不等于纯刚，刀法的运使强调刚柔兼用。刀术中的防守闪避动作宜用柔，进攻动作宜用刚。例如，刀术中的缠头裹脑，绕背的动作是防、是避，宜柔；平扫斩击的动作是攻，宜刚。满足有刚有柔的要求，必须是明刀法、知攻守，方能刚柔兼用。

(2)刀手相合，身械协调

武术谚语说："单刀看手，双刀看走。"所谓"单刀看手"就是指在一套刀术中，单刀要看刀的运动与不握刀的手的协调配合，配合应遵循"顺领合击，反向对称"的原理。例如，抹刀、带刀适合顺领，劈刀、砍刀适用合击，扎刀、截刀适于反向对称。同一种刀法也可有多种配合，但要有助于肢体在运动中保持稳固和谐，便于动作之间的衔接，使其对称美观，又符合技击法则。同时，刀术强调用整个身体来带动器械的活动，"刀不离身左右前后，手足肩臂与刀俱转"，肩肘腕、足膝胯以及胸腰都须与刀法配合，身械协调。凡刀法所动，就应做到以身带肩、以肩带臂、以腕制刀、腰腿助力。如抡劈刀，须拧腰转体，右肩前顺，肩动而臂伸，腕随臂的挥动而转动，使刀的劈法借助于腰、肩、臂、腕的整体活动而将力量发挥出来。

(3)刀快法诈，诡秘莫测

人们在长期的冷兵器战场上总结出一条经验："短见长，不可缓。"单刀属短兵器，在与长兵器对抗时，常常处于进攻不利的地位，要达到以短制长，其"短兵利在速进"。迅速勇猛逼近对手，使其器械挥舞不开，发挥近身攻击的长处。武术中历来就有"刀走黑"的说法，它不仅指刀法快捷凶狠、刀下无情，还含有刀法诡诈、秘密之意，讲求避实击虚，遇轻击实，刚柔奇正，变化莫测。

(4)僵跳超距，持短入长

僵跳超距是刀术持短入长的技法规律，指以敏捷的远跃高跳和迅疾的步法配合凶猛的刀法动作，其目的是要达到倏忽、纵横，以短入长。技击中欲求发挥"短兵长用"的作用，关键是步疾、身灵、眼锐、手快，才能发挥刀的近战功用。《手臂录》中说"短兵进退须足利，足如脱兔身如风"，通过足利善跃，在进攻中掩饰进攻意图，才能出其不意，发挥刀法多变特长，进而达到以短入长、制胜对手之效果。

(三)棍术

棍是武术长器械的一种，古称"殳""棒""杵"等。由于棍取材方便、制作简单，原始人类在狩猎过程中已使用天然的棍棒。《商君书》载："伐木杀兽。"《周礼·夏官司兵》郑玄注："五兵者：戈、殳、戟、酋矛、夷矛。""五兵"之中的"殳"为西周时期兵器之一，可见商周时期战争中已大量使用殳。

从古至今，棍在武术器械中一直占有重要的地位，全国各地都流传着不同的棍法与棍术套路。中华人民共和国成立以后，棍术被列为全国武术竞赛项目长器械之一，其长度根据《武术竞赛规则》规定，最短必须等于本人身高，并对成年组男女、少年组男女及儿童用棍的粗细各有具体的要求。棍一般多由坚韧的白蜡杆制成，棍术演练形式有单人练习、两人或三人对练、集体表演。棍法运动特点为梢把并用、横打一片、勇猛泼辣、密集如雨、气势恢宏。

1.基本动作

棍术主要有背棍、劈棍、抡棍、戳棍、崩棍、扫棍、点棍、撩棍、挂棍、挑棍、绞棍、舞花棍等基本棍法。

2.技法特点

(1)换把变招，固把击发

由于棍的形制特点，棍身处处可作为握持把位，因而形成了棍械浑身藏法的特点。所以换把应有招、固把使击发是棍术技法所遵循的基本原理。

(2)兼枪带棒，梢把并用

棍的形制一般是把粗、梢细。棍梢可按照长枪的技法，完成拦、拿、札、点、崩、圈等多种枪法；棍把可按照棒的技法，完成大劈、大抡、大扫等各种棒法。两者相融是棍术技法特点的具体表现之一。

(3)棍如旋风，横打一片

棍的形制特点是梢锐不及枪、把粗不如棒，因此，多以棍把戳、扎，以棍梢抡、劈、扫，运使时快速勇猛，抡动赛旋风，上揭下打，纵横抡劈，能远能近，长短兼施，虽四面受敌，而八方可兼顾，形成了"棍打一大片"的技法特点和运动风格。棍论"打必及地，揭必过胸"，精辟地总结了"棍打一大片"的技法要领。

(4)把法多变，长短兼施

棍的技法很多，关键在于把法。握持把的一端，可以利用棍梢抡、劈、扫，进行远击；握持棍的中段，可以把、梢兼用，一攻一防，上挑下撩，左拨右打。在运使时，一般都是棍梢、棍身、棍把交互使用，变化莫测，所以有"枪怕摇头，棍怕换把"的精辟之论。另外，抡、劈、扫、撩的长击远打棍法和戳、扎、格、压的近身攻守棍法，都充分体现了长短兼施的棍术技法特点。

(四)枪术

枪是武术长器械之一，有"百刃之王"之称，是中国古代最主要的冷兵器之一，是由棍与矛演化而来。枪与矛的区别在于矛头较重，形制较宽厚，而枪头较小，比矛锋利，较为轻利。商周至秦汉时期，矛作为当时重要的兵器，被列为五兵之一。晋代枪头短而尖，比矛轻便锋利，自晋以后枪兴矛衰。枪在隋唐五代已成为战阵主要兵器，无论步兵、骑兵都以用枪为主。唐代的枪分为漆枪、木枪、白头枪和朴头枪。宋代长兵器沿袭隋唐遗制，军中以用枪为主。这一时期的枪不仅形制种类多于唐代，而且用法也随着不同的形制变化而呈多样化，但在军队中，枪仍然是近战的主要武器。

明代时，枪无论是作为作战利器，还是作为百姓健身活动的器械，都得到了重视和发展。戚继光的《纪效新书》、何良臣的《阵纪》和茅元仪的《武备志》都有枪术的记载，这些枪术理论多为枪术演练经验，为步战所采纳。清代枪的种类繁多，有军中普遍使用的枪、战船使用的钉枪，还有铁枪、线枪、虎牙枪、三眼枪、火焰枪、雁翎枪、大枪、双头枪、双头钩镰枪等，这些枪主要是八旗军和绿营军的常规武器。清代学、练、研究枪法者很多，《手臂录》《万宝全书》《阴符枪谱》《苌氏武技书》等书都记载了枪术理论。

火药武器在战争中普遍使用以后，枪在军事上逐渐被淘汰，但作为武术器械却得到了发展，如今套路演练形式有单头枪、双头枪、双头双枪、单头双枪等。枪被列为武术竞赛项目以后，竞赛规则规定枪的长度不得短于本人直立直臂上举后的高度。枪杆的粗细视演练者的年龄、性别不同而异。其运动特点是力注枪尖、走势开展、上下翻飞、变化莫测、游若蛟龙。

1. 基本动作

枪术主要有背枪、拦枪、扎枪、拿枪、点枪、崩枪、劈枪、穿枪、挑枪、拨枪等基本枪法。

2. 技法特点

(1)枪扎一条线

枪法注重直扎，以扎发挥枪尖的技击功效，直扎远取发挥枪的优势和特长。扎不仅是枪术的主要方法，而且是枪术最主要的进攻技法特点。扎枪时要求沿枪身纵轴用力使枪身直线扎出，力达枪尖，爆发寸劲，同时要求出枪快、准、狠，即出枪快、路线短，有力量、去如箭、来如线。方法上要使枪尖、鼻尖、脚尖在同一纵面内，通过伸后腿、蹬后脚、拧腰、顺肩、挺腕，使在一条直线上向前用力。用力时要柔、快且有加速，力点准确清晰。枪扎出后要迅速收枪。扎枪时，大多采用连扎几枪的衔接方法，故有"枪扎一条线"之说。

(2)持枪贵四平

"四平"指顶平、肩平、枪平、脚平，即持枪的基本姿势应做到头正、颈直、下颌微收、两眼平视而炯炯有神。只有两肩松沉，上体正直，才能势稳法活。两手与枪尖三点在一水平线上，枪才可以攻守活便，出枪快而有力。《手臂录》认为："古以中平枪为枪中王，为诸势皆从此出也。"可见"中平枪"在格斗中被视为枪术的基本实战姿势。

（3）前管后锁

"前管后锁"指在枪术运用过程中，两手控制枪身的基本手法。前手握于枪身中段，要像"管"一样套住枪身，不使脱落，既要能保证枪杆在其中自由出入，又要能灵活自如地控制枪的运动路线及运动方向，即所谓"前手如管"；后手握于枪把根部，要像"锁"一样牢固地握住枪把，推动枪身运动，既要能灵活地运转枪把、变化枪梢的位置，又要能使腰部力量传达于枪尖，即所谓"后手如锁"。

（4）工于一圈

《手臂录》记载："枪，总用之则为圈，剖此圈而分之，或左或右，或上或下，或斜或正，或单或复，或取多分，或取少分，以为行著诸巧法，而后枪道大备。是以练枪者，惟下久苦之工于一圈，熟而更熟，精而益精。"实战时两枪较技，彼来我往，枪的防守在于与来枪相交，如拦、拿、缠等；枪的进攻要避开对方之枪，如拦扎、拿扎、缠扎等。防守与进攻中不外乎平枪走弧线，或整圈或半圈、或大半圈或小半圈等，关键在于圈的熟练程度。

第二节　散打技法分析

散打是两人按照一定的规则，运用武术中的踢、打、摔等攻防技法进行徒手对抗的现代竞技体育项目，它是中国武术的重要组成部分。

散打继承和表现了中国武术中传统的徒手格斗术精华，并在此基础上进一步发展和提高。其中最为突出的就是把传统格斗术中单纯注意"招法"的观念发展成为体能、智能与技能的结合，以突出其综合应用能力。比赛双方没有固定的功作顺序，而是根据对方的技击动作随机变化，抓住对方的弱点斗智、较技。它不仅要求运动员熟练地掌握散打技术，还要求有敏捷的反应能力，从而明显区别于武术套路的运动形式。由于散打自身的特性以及社会的某种需要，这一运动项目突出地反映了武术的本质特征——技击性。为了防止致人伤残，散打竞赛规则严格规定了后脑、颈部、裆部为禁击部位。另外，在技法上，不管运用哪种技术流派的击打方法，均不允许使用反关节的擒拿动作，以及用肘、膝等部位进攻对方。所以，散打的实用性只在一定范围内起作用，按照竞技体育项目的要求制定散打技术规范已成为当前散打技术发展的主流，为大众所接受。

一、散打的基本技术

散打的基本技术，是指散打运动员在实战中完成进攻与防守动作的方法，是决定散打运动员竞技能力水平的重要因素。根据动作的组成，可将散打技术大致分为单个动作技术和组合动作技术两大类。单个动作技术有实战姿势、拳法、腿法、摔法、步法、防守法、跌法等，其中拳法主要包括冲拳、贯拳、抄拳、鞭拳等基本动作；腿法主要包括蹬腿、踹腿、鞭腿、勾腿、摆腿、扫腿、劈腿等基本动作；摔法主要包括贴身摔和接招摔，贴身摔主要有抱腿前顶、抱腿旋压、抱腿搂腿、折腰搂腿、压颈搂腿、夹颈打腿等，接招摔主要有抱腰过背、夹颈过背、穿臂过背、接腿前切、接腿下压、接腿勾踢、接腿挂腿、接腿摇涮、接腿上托、接腿别腿等。组合动作技术有拳法组合、腿法组合、拳腿组合、拳摔组合等。根据动作的应用功能，可将散打技术大致分为进攻技术、防守技术和防守反击技术三类。在散打比赛中，运动员根据攻守平衡的对抗原理，将单个和组合动作技术不断地运用到进攻和防守之中。

二、散打的技术要求

1. 进攻技术

进攻技术是散打技术的主要组成部分。技术的优劣直接关系到比赛的胜败，所以，掌握好进攻技术的规格、要领是教学训练的重要任务。进攻技术包括各种手法、腿法和摔法，如按动作的结构可分为：直线型，包括冲拳、蹬腿、踹腿等；横线型，包括贯拳、鞭拳、横踢腿、勾踢腿等；上下型，包括抄拳、劈拳等。任何一种进攻方法在动作的起止点、受力点和运行路线三个方面都有其规格要求，改变任意一个方面，都会导致方法的改变或出现错误的动作。因此，每学习一种方法都必须严格地按照技术规格的要求去做，这样才能准确地掌握要领。进攻技术的要求如下。

（1）速度快

散打攻防技术如能体现出"快"的特点，就会收到使对手防不胜防的效果。要快速地完成散打攻防技术，肌肉力量是基础，正确掌握用力技法是关键，避免动作的"预摆"是根本。首先，进攻动作是靠肌肉收缩产生力量完成的，没有力量作为保证，欲做到快速进攻是不可能的。其次，任何武术流派的用力技法都要求刚柔结合，刚柔是用力技法中相辅相成、互相依存的两个方面。刚柔相济、先刚后柔、刚后必柔这种周期性的放松—收缩—放松，就是武术用力技法的本质所在。最后，每一个进攻方法的运行路线以及动作的起止点都是有严格要求的，有的运动员为了加大力量而把动作幅度做得很大，或带有"预兆"，如先收后放或先拉后打等，无意中增加了动作的运行时间，结果达不到快速出击的效果。

（2）力量重

力量重是对踢、打、摔方法运用的力度要求。在进行散打比赛时，运动员处在你追我赶或你攻我防的激烈拼搏中，所用方法必须有一定的力度，才能给对方造成威胁。如何加大攻击力度呢？运动员除了必须具备较高的力量素质外，还要提高全身发力的协调性。在发力的刹那，配合呼吸，屏气蓄劲、以气催力，达到意、气、力三者合一，使力量更完整。

（3）力点准

进攻技术的力点，是构成技术方法的重要特征，必须准确。力点不准，极易造成伤害。如横踢腿动作的技术要求绷脚面，力点在脚背弓处或小腿胫骨下端，若把力点放在脚趾的趾端，则大大减轻了动作的力度，有时还会踢伤脚趾。

造成力点不准的原因有：①动作外形的错误，如该绷脚的却放松，该勾脚的却伸直；②腕、踝等关节部位在用力的一瞬间紧张度不够；③动作运行线路的错误，如横踢腿做成斜上撩踢，力点偏至脚弓内侧；④距离判断错误，如勾踢腿时对手距离太远，着力点落在脚拇指上。所以，在平时训练中必须一丝不苟地遵守动作规格，多打移动靶和固定靶，体会动作的准确性，在实战中提高判断能力和技术水平。

（4）预兆小

所谓预兆，是指做动作前预先暴露了进攻意图。动作有预兆，是散打运动员普遍容易出现的错误。在比赛中，由于动作有预兆，一旦被对手抓住规律，你的进攻不但不能达到预期效果，反而会给对手创造反击的时机，导致比赛的失败。

（5）方法巧

顺其力而破之为巧，即拳谚所说的"四两拨千斤"。散打比赛靠力量取胜固然重要，但以巧取胜则技高一筹。巧妙的方法必须与攻击对手的时机、掌握对手的重心、控制动作的力度有机地结合起来，才能收到最佳效果。

2. 防守技术

防守技术总的要求是：要对对手的进攻时间、运行路线、攻击方法和部位判断准确，反应敏捷，达到自动化程度。闪躲性防守和接触性防守是两类不同的防守方法，其技术要求是有区别的。准确、巧妙的防守一能保护自己，二能为进攻创造条件。防守是积极主动的，其目的是更好的进攻。

（1）闪躲性防守的要求

①时机恰当：要求防守时间与进攻时间要恰到好处，不早不晚。闪躲早了则对手转移进攻目标，晚了则有被对手击中的可能。故要求练习者须具备良好的反应能力。

②位移准确：指闪躲对方的进攻时，身体姿势的改变或移动的距离要有高度的准确性。初学者往往会因移动幅度过大或移动距离过长而贻误战机。

③整体协调：这是对身体协调性的要求。不论是前趋还是后撤，练习者不能只是左右躲闪，必须注意动作的整体性、一致性。如向后闪时，有的练习者只是向后仰头，躯干和腿都不动，形成了只躲头不躲身、不躲腿的错误。

（2）接触性防守的要求

①防守面要大：在实战过程中要防一片，不要防一点，尽量提高成功率。

②动作幅度要小：防守动作幅度应以防守的效果和是否有利于反击为准，但受紧张与恐惧心理的影响，在防守时不容易做到。

③还原转换要快：指由防守转为进攻的时间间隔要短。动作间的转换速度与动作幅度、结构有关，幅度大转换慢，结构不合理也影响转换速度。合理的攻防动作结构应该是：打上防下、打下防上、击左护右、击右护左，这样才能加快还原转换的速度。

3. 防守反击技术

防守反击技术是一种复合技术，它是由防守技术与进攻技术组合而成的，其形式有三种：一是先防守后反击，二是防守的同时施以反击，三是以攻代防。欲成功运用防守反击技术，除要正确、熟练地掌握防守技术与进攻技术，使其达到自动化程度外，还须把握防守反击的时机和培养防守反击的意识。防守反击中的主要技术还包括接住对方进攻性的各种拳法和腿法之后运用的快摔法。快摔法的主要技术要求如下。

（1）借势

借势是指在对手重心不稳、身体将失去平衡时，运用散打中的各种摔法稍加力量将其摔倒。借势的关键是掌握好时机。一般来说，对手在发力的瞬间身体易处于失衡状态，如果在此时顺其失衡的同侧方位稍加外力，效果极佳；或在对手发力时顺其发力的方向稍加外力，也会收到事半功倍的效果。

（2）掀底

掀底是指采用接腿摔法时，为破坏对方的支撑点而采取掀、拉、摇、托等方法将对方摔倒。如果对方下肢柔韧性较差，我方用掀底动作，效果较好。

（3）别根

别根是指通过运用自身的某一部分绞绊对方的下肢，达到将对方摔倒的目的。如抱腿别腿、抱腿勾踢等摔法，就属于别根技法，既省力又巧妙。

（4）靠身

靠身是指通过身体向前的动作将对方摔倒。在运用抱腿和搂腿的技法时，必须配合身体向前的动作挤靠对方，效果才会更好。

散打的摔法很多，而且不同的方法有着不同的技术要领。在实践中，如能结合运用借势、掀底、别根、靠身等动作，可以更加突出散打摔法快速、巧妙的技术特点。

思考题

1. 练习长拳的技术要求有哪些？

2. 长拳传统技法中的"四击""八法""十二型"指的是什么？

3. 试述太极拳、南拳和形意拳的技法特点。

4. 试述剑术、刀术的技法特点。

5. 试述棍术、枪术的技法特点。

6. 散打的技术要求有哪些？

参考文献

1.《中国武术百科全书》编撰委员会. 中国武术百科全书[M]. 北京：中国大百科全书出版社，1998.

2. 蔡仲林，周之华. 武术(第三版)[M]. 北京：高等教育出版社，2015.

3. 全国体育院校教材委员会. 中国武术教程(上、下册)[M]. 北京：人民体育出版社，2004.

4. 左文泉，肖作洪，杨庆辞. 武术[M]. 北京：北京师范大学出版社，2011.

5. 全国体育学院教材委员会. 武术(上、下册)[M]. 北京：人民体出版社，1991.

编者简介：

刘建国，男，硕士研究生，教育学硕士学位，教授，国家一级武术套路裁判、国家一级武术散打裁判，国家级社会体育指导员。研究方向：武术教学理论与方法、民族传统体育学；研究特长：武术教学。主持、参与课题10余项，发表论文20余篇，出版专著1部，参编教材2部。

第七章
武术套路

📖 内容提要

本章对长拳、太极拳、形意拳、剑术、功夫扇的套路做了介绍，并使用图解对相关内容做了说明。

📖 学练目标

1. 了解长拳、太极拳、形意拳及剑术、功夫扇的基础知识、基本动作。

2. 掌握武术套路锻炼、自学、教学和训练的基本方法，提高实际应用能力。

第一节　长拳

长拳是以姿势舒展、动迅静定、劲力饱满、节奏鲜明为特点的武术拳种；是以拳、掌、勾为基本手型，以弓步、马步、仆步、虚步、歇步为基本步型，以腾空飞脚、腾空摆莲、旋风脚为基本跳跃动作，以提膝平衡、侧身平衡、燕式平衡为基本平衡动作而形成教学训练内容稳定模式的一种运动形式。目前，伴随着武术套路竞赛发展的长拳技术体系，已经成为全国性和国际性武术比赛的主要内容。同时，长拳也被各级各类学校选为开展青少年武术教育的主要内容。本教材选用《中国武术段位制》长拳段位技术教程第三段，以促进教学评定与国家武术段位制评定的结合。

一、段位制长拳三段(单练套路)

(一)动作名称

预备势：并步直立

第一小节

1. 起势

2. 右弓步格挡

3. 抱拳弹踢

4. 金丝缠腕

5. 马步冲拳

6. 转身平扫前推掌

7. 右弓步抄拳

8. 翻腰提膝推掌

9. 旋风脚

10. 虚步护身掌

11. 歇步冲拳

第二小节

12. 右弓步格挡

13. 马步切掌

14. 右弓步冲拳

15. 左弓步斜推掌

16. 震脚弓步双推掌

17. 左弓步推掌

18. 翻身劈掌

19. 腾空飞脚

20. 右弓步冲拳

21. 马步看拳

22. 收势

(二)动作说明及图解

预备势：并步直立(如图 7-1-1)。

1. 起势

(1)并步抱拳：两手变拳收抱于腰间，拳心向上，同时头左转，目视左方(如图 7-1-2①)。

(2)抡臂砸拳

①左脚上步，脚尖内侧点地，身体右转约 45°，右膝微屈；左掌向左下方伸掌，拇指一侧向下，目视左掌，并步直立(如图 7-1-2②)。

②身体左转约 45°，左臂逆时针抡臂一周至身体左侧，抡右臂，右拳上举，拳面朝上；右膝高提，脚面绷平，目视前方(如图 7-1-2③)。

③右脚下落向左脚并步，屈膝震脚；左掌外旋翻转，掌心朝上，摆于腹前，右臂外旋，右拳向左掌心下砸，力达拳背，拳心向上，目视前方(如图 7-1-2④)。

(3)弓步看拳

①右脚向右前方上步，两臂弯曲，左掌变拳，两拳胸前交叉，左拳在上，拳心朝下，右拳在下，拳心朝上，目视两拳方向(如图 7-1-2⑤)。

②右腿屈膝成右弓步，左拳向左侧冲出，拳心朝下，力达拳面；右拳外旋放于右腰际，拳心朝上，目视左冲拳的方向（如图7-1-2⑥）。

动作要点：拧腰、顺肩，蹬腿、转髋，拳出腰间，力达拳面。

图 7-1-1

图 7-1-2①

图 7-1-2②

图 7-1-2③

图 7-1-2④

图 7-1-2⑤

图 7-1-2⑥

2. 右弓步格挡

左拳收抱腰间，右脚上步成右弓步；右臂内旋，向下、向内画弧内格，再向前、向外画弧屈肘横格，拳面朝上，高与眉平，力达右前臂外侧，目视前方（如图7-1-3①②）。

动作要点：上步、格肘一致，脚到肘到，眼随手转。

图 7-1-3①   图 7-1-3②

3. 抱拳弹踢

重心前移，身体微右转，左脚向前弹踢；右拳收抱腰间，拳心朝上，目视前方（如图7-1-4）。

动作要点：弹腿时，大腿带动小腿，力达脚尖，右腿支撑可微屈。

4. 金丝缠腕

重心前移，左脚前落，右膝提起；右拳变掌前摆后翻腕，顺时针向外旋掌握拳，左掌抓握右手腕，目视前方（如图7-1-5）。

动作要点：抓握稳准，旋腕快速、有力。

5. 马步冲拳

（1）右脚落地震脚，身体略右转；右臂屈肘回带至右腰际，左掌附于右手腕处，目视前方（如图7-1-6①）。

（2）左脚上步，身体右转，两腿屈膝内扣成马步；左掌变拳左冲出，拳眼朝上，力达拳面，目视左拳方向（如图7-1-6②）。

动作要点：挺胸，塌腰，马步与冲拳协调一致。

图 7-1-4　　　　　　图 7-1-5　　　　　　图 7-1-6①　　　　　　图 7-1-6②

6. 转身平扫前推掌

（1）重心移至左脚，右膝提起，以左脚为轴右转180°；左拳收抱腰间，右拳变掌，随转体直臂平扫后收至腰间，目随视右掌（如图7-1-7①）。

（2）右脚向前落步成右弓步，右掌从腰间向前推出，掌心朝前，力达掌根，目视前方（如图7-1-7②）。

动作要点：转身迅速、稳定，扫掌要快，落地、推掌同时完成。

图 7-1-7①　　　　　　　　　　图 7-1-7②

7. 右弓步抄拳

（1）重心移至左腿，右膝提起；右掌上挑，目视前方（如图7-1-8①）。

（2）右脚前落成右弓步，右臂顺时针画弧，外旋向前抄拳；左掌附于右前臂，掌心朝下，目视前方（如图7-1-8②）。

动作要点：抡臂要圆，抄拳要稳。

图 7-1-8①

图 7-1-8②

8. 翻腰提膝推掌

（1）重心前移，身体左转，左脚经右脚后插步，前脚掌撑地；右拳变掌，两臂体前交叉，目视右后方（如图 7-1-9①②）。

（2）身体向左后仰翻转，左右两臂依次沿顺时针抡臂成侧平举（如图 7-1-9③）。

（3）身体继续左转，两腿交叉拧腰；两臂随体转抡摆展臂（如图 7-1-9④）。

（4）右脚向前上步，身体左转成左弓步；右掌随转体前撩，掌心朝上，左掌附于右前臂，掌心朝下，目视右掌（如图 7-1-9⑤）。

（5）重心移至右腿，左膝高提，脚面绷平；左掌推出，掌心朝前，右掌变拳收抱腰间，拳心朝上，目视推掌方向（如图 7-1-9⑥）。

动作要点：翻腰时身体后仰，立圆抡臂。

图 7-1-9①

图 7-1-9②

图 7-1-9③

图 7-1-9④

图 7-1-9⑤

图 7-1-9⑥

9. 旋风脚

（1）重心前移，左脚前落，右脚扣脚上步，向右拧腰；左掌摆至右胸前，右臂摆至右上方，目视右下方（如图 7-1-10①②）。

（2）右脚蹬地，左脚高抬，身体向左腾空翻转 360°；空中右腿里合，左手击拍右脚，两臂随转体自然摆动。两脚依次（或同时）落地后成马步，右臂屈肘里格，左拳收抱腰间，目视右拳（如图 7-1-10③④）。

动作要点：落地要稳，马步与格肘协调一致。

图 7-1-10①　　　图 7-1-10②　　　　图 7-1-10③　　　　图 7-1-10④

10. 虚步护身掌

（1）身体右转，左脚并右脚；两拳变掌前摆下落后收至腰间，掌心斜朝上（如图 7-1-11①）。

（2）右腿屈膝下蹲，左脚尖前点成左虚步；两掌向前推出，右掌附于左肘内侧，目视推掌方向（如图 7-1-11②）。

动作要点：虚步稳定，两掌前推要有内合之力。

图 7-1-11①　　　　　　　　　　图 7-1-11②

11. 歇步冲拳

（1）重心后移，身体微右转，左脚向左后活步；左掌向右回带下按，右掌随转体向右回带后收抱腰间，目视左掌（如图 7-1-12①）。

（2）身体左转，右脚向左后插步，两腿交叉屈膝下蹲成左歇步；右拳从腰间向前冲出，拳心朝下，力达拳面，左掌外旋握拳收抱腰间，拳心朝上，目视冲拳方向（如图 7-1-12②）。

动作要点：拿带要柔和，歇步要稳定。

12. 右弓步格挡

右脚上步成右弓步，右臂先内旋向下、向内格臂，再外旋向上、向外格挡目视右拳（如图 7-1-13①②）。

动作要点：两次格挡力达前臂内外两侧，动作迅速，力点准确。

13. 马步切掌

重心后移，身体右转，右脚后退一步，两腿屈膝成马步；左拳变掌向左前下方推切，力达掌外沿，右拳收抱腰间，目视切掌方向（如图 7-1-14①②）。

动作要点：退步落实，马步与切掌一致。

14. 右弓步冲拳

身体左转，右脚上步成右弓步；右拳向前冲出，左掌变拳收抱腰间，目视冲拳方向（如图 7-1-15）。

动作要点：顺肩，蹬腿，拳出腰间，力达拳面。

图 7-1-12①

图 7-1-12②

图 7-1-13①

图 7-1-13②

图 7-1-14①

图 7-1-14②

图 7-1-15

15. 左弓步斜推掌

(1)重心左移，身体左转成左弓步；右拳变掌屈臂回摆至右胸前后内旋下按，左拳变掌弧形摆至右肩前，目视右掌方向（如图7-1-16①）。

(2)重心右移，左脚向右脚后插步；左臂内旋上架，右掌向前画弧后变拳收至腰间（如图7-1-16②）。

(3)重心左移，右脚向左脚后撤步成左弓步；左臂外旋，左掌经体前拿带后变拳收抱于腰间，右拳变掌从腰间向前下方斜推，目视推掌方向（如图7-1-16③）。

动作要点：左脚插步与左手摆掌，右脚撤步与右手推掌一致。

图7-1-16①　　　　图7-1-16②　　　　图7-1-16③

16. 震脚弓步双推掌

(1)重心移至左腿，身体右转，提右膝；两掌摆至额前上方，目视前方（如图7-1-17①）。

(2)右脚向左脚内侧落地震脚，左脚略抬，两掌下按后收于腰间，目视前方（如图7-1-17②）。

(3)左脚上步成左弓步，两臂内旋，两掌向前推出，目视前方（如图7-1-17③）。

动作要点：震脚与按掌同时完成，弓步与双推掌同时完成。

图7-1-17①　　　　图7-1-17②　　　　图7-1-17③

17. 左弓步推掌

(1)重心后移至右脚，左膝提起；两掌经上左右分开成侧平举，掌指朝上，掌心朝外，目视前方（如图7-1-18①）。

(2)左脚前落成左弓步，右掌经腰部向前推出，掌指朝上，力达掌根，左掌下按于左膝上方，目视推掌方向（如图7-1-18②）。

动作要点：左腿提膝与左脚前迈衔接紧密，弓步与推掌同时完成。

图 7-1-18①　　　　　图 7-1-18②

18. 翻身劈掌

(1)身体右转闪身，左掌下按，右掌成立掌摆至左肩前(如图 7-1-19①)。

(2)左脚蹬地，身体向左腾空翻转一周，两臂成立圆随翻身抡臂，目视前方(如图 7-1-19②)。

(3)右脚前落，左脚后撤成右弓步；右掌自上而下向前劈掌，力达掌外时，左掌变拳收抱腰间，目视劈掌方向(如图 7-1-19③)。

动作要点：翻转轻灵，上步迅速，劈掌有力。

图 7-1-19①　　　　　图 7-1-19②　　　　　图 7-1-19③

19. 腾空飞脚

(1)重心前移，左脚跟进，两臂前后抡摆，右臂向后，左臂向前，目视前方(如图 7-1-20①)。

(2)右脚蹬地，左脚提膝高抬，身体腾空跃起，右臂前上抡带，右掌背与左掌心在前额上方击响。右脚迅速向前上方摆起，右掌心快速击拍右脚面，左掌平摆至体侧，目视前方(如图 7-1-20②③)。

(3)两脚依次(或同时)落地(如图 7-1-20④)。

动作要点：右脚蹬地有力，腾空要高，击拍连接紧密，声音响亮。

图 7-1-20①　　　　图 7-1-20②　　　　图 7-1-20③　　　　图 7-1-20④

20. 右弓步冲拳

右脚上步成右弓步，右拳向前冲出，拳心向下，左拳收抱腰间，目视冲拳方向（如图 7-1-21）。

动作要点：冲拳与上步协调一致，力达拳面。

21. 马步看拳

(1)重心后移，左脚蹬地，身体腾空右转，左脚前摆，右脚后摆，两脚在空中交剪，右臂外旋屈肘回摆，目视前方（如图 7-1-22①）。

(2)两脚左右分开落地成马步，左拳向左侧冲出，拳心向下；右拳收至腹前，拳心朝上，目视左拳方向（如图 7-1-22②）。

动作要点：跳转动作轻灵，左冲拳有力，马步稳定。

图 7-1-21　　　　　图 7-1-22①　　　　　图 7-1-22②

22. 收势

(1)两拳变掌平伸，掌心朝上，目视右掌（如图 7-1-23①）。

(2)左脚并右脚，两臂内旋下按于两腰间，目视左方（如图 7-1-23②）。

(3)两掌放下，头右转向前，并步直立，目视前方（如图 7-1-23③）。

动作要点：收按掌协调一致，并步直立站稳。

图 7-1-23①　　　　　图 7-1-23②　　　　　图 7-1-23③

二、对打套路

（一）动作名称

预备势：并步直立

动作示范

顺序	甲	乙
1	起势	起势

顺序	甲	乙
2	右弓步格挡	右弓步格挡
3	抱拳弹踢	马步切掌
4	金丝缠腕	右弓步冲拳
5	马步冲拳	左弓步斜推掌
6	转身平扫前推掌	震脚弓步双推掌
7	右弓步抄拳	左弓步推掌
8	翻腰提膝推掌	翻身劈掌
9	旋风脚	腾空飞脚
10	虚步护身掌	右弓步冲拳
11	歇步冲拳	马步看拳
12	收势	收势

(二)动作说明及图解

预备势：甲乙并步直立，甲向右后方退两步，乙向左前方上两步。甲乙前后距离约 3 米，横向距离约 1.5 米，乙向后转(如图 7-1-24①②)。

预备势　图 7-1-24①

图 7-1-24②

1. 甲乙起势

甲乙并步抱拳，抡臂砸拳，弓步看拳，目视对方(如图 7-1-25①②③④⑤⑥)。

动作要点：

图 7-1-25①

图 7-1-25②

图 7-1-25③

图 7-1-25④　　　　　　图 7-1-25⑤　　　　　　图 7-1-25⑥

2. 甲乙右弓步格挡

(1)甲乙右脚上步成右弓步，右手弧形向前下横打，力达前臂内侧，左臂自然后摆。甲乙目视对方(如图 7-1-26①)。

(2)甲乙步型保持不变，右臂外旋、画弧向对方头部横打，力达前臂外侧，左拳保持不变。甲乙目视对方(如图 7-1-26②)。

动作要点：两人配合协调，距离、力度适中。

3. 甲抱拳弹踢，乙马步切掌

甲重心移至右脚，左脚向乙腹部弹踢，两拳收抱腰间。乙重心后移，身体右转，右脚后退成马步；左拳变掌内旋向下拍压甲左脚面，右拳收至腰间。甲乙目视对方(如图 7-1-27)。

动作要点：甲弹踢力达脚尖；乙退步及时，拍压准确。

图 7-1-26①　　　　　　图 7-1-26②　　　　　　图 7-1-27

4. 乙右弓步冲拳，甲金丝缠腕

(1)乙右脚上步成右弓步，右拳向甲腹部冲出，左掌变拳收抱腰间。甲左脚落地，右臂内旋上架乙右手腕，左手扣压乙拳面。甲乙目视对方(如图 7-1-28①)。

(2)甲重心前移，右膝提起，身体拧腰右转；右手拿乙右手腕回带，左掌按压乙右手腕，目视乙方(如图 7-1-28②)。

动作要点：甲旋拿，转腰，重心下沉，协调连贯，幅度力度适中。

5. 甲马步冲拳，乙左弓步斜推掌

(1)甲右脚落地震脚，左脚上步成马步；左掌变拳向乙头部冲出，右拳收抱腰间。乙重心后移侧闪成左弓步，右拳变掌经体前画弧按于体侧，左拳变掌弧形摆至右肩前。甲乙目视对方（如图7-1-29①）。

（2）乙重心右移，左脚向右活步，左手拿握甲左手腕处；右脚向左脚收步，右手扶按甲左上臂或肘部，目视甲方（如图7-1-29②）。

（3）乙右脚向甲左腿前上步，拧腰左转成左弓步；左手拿握甲左手腕外旋翻腕，向左腰际回带，右掌向左前下方按压甲左臂或肘关节，目视甲方（如图7-1-29③）。

图7-1-28①　　　　　　　　　　　　图7-1-28②

图7-1-29①　　　　　　　图7-1-29②　　　　　　　图7-1-29③

动作要点：甲动作要衔接紧密，冲拳有力。乙近身拿腕要活步，旋腕回带、转腰、推掌、别腿要合力完成。

6. 甲转身平扫前推掌，乙震脚弓步双推掌

（1）甲顺乙旋拿之势身体右转，右脚上步；右掌向乙头部平扫，左拳收抱腰间，目随视右掌。乙右脚回撤一步，重心下降，低头躲避甲扫掌（如图7-1-30①）。

（2）甲右脚进步成右弓步，右掌向腰间回带后向乙胸部推出，目视乙方。乙重心后移，左脚收至右脚内侧点地；两掌向下拍按甲右臂，目视两手（如图7-1-30②）。

（3）乙上左步成左弓步，两掌向甲胸部推出，目视甲方。甲后仰闪身（如图7-1-30③）。

图7-1-30①　　　　　　　图7-1-30②　　　　　　　图7-1-30③

动作要点：甲扫掌与推掌要形成连续进攻之势，平扫掌重心略高，前推掌重心略低。乙躲闪要快，双按掌与双推掌衔接要快，反击要把握时机。

7. 甲右弓步抄拳，乙左弓步推掌

(1)甲重心前移，右臂内旋上挑，于体侧顺时针画弧向乙下颌抄拳击打，拳心朝内，力达拳面，左掌顺势护于右前臂内侧，掌指朝右，掌心朝斜前下方。乙提膝闪躲，两掌左右分开成侧平举，掌指朝上，掌心朝外。甲乙目视对方（如图7-1-31①②）。

(2)乙左脚前落成左弓步，左手拿握甲右手腕向左后回压，右掌托甲右肘向前上推，目视甲方。甲顺势左转，抬肘后仰（如图7-1-31③）。

动作要点：乙拿腕下按与推肘前压的旋臂动作要形成合力。

图7-1-31①　　　　　　图7-1-31②　　　　　　图7-1-31③

8. 甲翻腰提膝推掌，乙翻身劈掌

(1)甲左脚向右脚后插步，右掌经体前画弧向乙腹部击掌，左掌摆至右胸前成立掌，目视右下方。乙重心后移，身体右转闪身成右弓步，左手经体前画弧下按，右掌转至左胸前成立掌，目视甲方（如图7-1-32①）。

(2)甲两脚蹬地，向左翻转的同时两臂依次顺时针抡摆；右脚上步落地的同时，右掌前撩，掌心向上，左掌摆至右前臂内侧，掌心朝下，目视撩掌方向。乙左脚活步蹬地，身体向左腾空翻转一周，左膝高提；右臂随身体翻转摆至体前，左拳收抱腰间，目视甲方（如图7-1-32②）。

(3)乙右脚落地，左脚向后撤步成右弓步，右掌向甲头部劈击。甲重心后移闪躲，左膝提起；左掌向乙推出，右掌变拳收抱腰间，目视乙方（如图7-1-32③）。

图7-1-32①　　　　　　图7-1-32②　　　　　　图7-1-32③

动作要点：甲要顺乙进攻之势而带臂转身，翻腰要轻灵。

9. 乙腾空飞脚，甲旋风脚

乙右脚蹬地跃起，两腿腾空，右脚向甲弹踢；右拳收抱腰间，目视甲方。甲左脚前落，右脚上步扣脚，拧腰摆臂，身体向左腾空翻转一周，右手击拍乙右脚面，目视击拍方向（如图7-1-33①②）。

动作要点：甲要趁乙起腾空弹腿（飞脚）时，迅速翻身做旋风脚动作。

10. 乙右弓步冲拳，甲虚步护身掌

乙右脚向前迈步成右弓步，右拳向甲胸部击打，目视甲方。甲身体右转，右腿屈蹲，左脚尖前点成左虚步；右拳变掌向左横拦乙右手腕，左掌向右推别乙右肘，目视乙方（如图7-1-34）。

动作要点：甲两掌横拦、推别要形成合力。

图7-1-33①　　　　　　　图7-1-33②　　　　　　　图7-1-34

11. 甲歇步冲拳，乙马步看拳

(1)甲左脚向左后活步，右掌旋腕抓握乙右手腕向右腰际领带，左掌下按乙右肘关节，目视乙方。乙顺甲拧带之势身体左转，右臂顺势内旋（如图7-1-35①）。

(2)乙右臂回带，两脚原地跳转180°，成马步落地；左拳向甲头部打出，右拳回收抱于腹前，拳心朝上，目视甲方。甲重心后移，右脚向后撤步，两腿下蹲成左歇步；右拳向乙腹部冲拳，左掌变拳收抱腰间，目视乙方（如图7-1-35②）。

动作要点：甲拿带要柔和，乙要顺势跳转；动作轻灵，马步稳定，左冲拳有力。

图7-1-35①　　　　　　　图7-1-35②

12. 甲乙收势

(1)甲乙并步按掌。甲乙身体右转成马步，两拳变掌向体侧分开，掌心朝上，目视右手。甲乙重心右移，左脚并右脚，两掌经体侧按于腰间，头向左转，目视对方（如图7-1-36①②）。

（2）甲乙并步直立。甲乙两掌下放，自然垂于体侧，头向右转正，目视前方。甲向后转身，乙向前上步，甲乙并排直立（如图7-1-36③④）。

动作要点：两人动作协调一致，眼先看对方，再看前方。

图 7-1-36①

图 7-1-36②

图 7-1-36③

图 7-1-36④

第二节　太极拳

太极拳是结合中国古代的养生术、导引术、戚继光的三十二势长拳以及古代的"太极""阴阳"学说等编成的一种拳术。太极拳最早起源于明末清初河南温县陈家沟，由陈王廷所创，故称为陈式太极拳，迄今已有近400年的历史。又有后人将陈式太极拳发展成现在流传较广的陈、杨、吴、孙、武等各式太极拳。中华人民共和国成立后，原国家体委为了普及和推广太极拳，从20世纪50年代起，先后编写了二十四式简化太极拳，四十二式太极拳，八式、十六式太极拳及各式太极拳剑的竞赛套路。2018年，国家体育总局新编太极拳八法五步。

太极拳的种类虽各有不同，但其方法和基本动作的要求大体相同。其动作缓慢柔和，势势相连，运动绵绵不断。本教材选用简单易学的新编太极拳八法五步和二十四式简化太极拳，来促进太极拳的推广、普及。

一、太极拳八法五步

动作示范

(一)太极拳八法五步简介

太极拳八法五步是国家体育总局为了更好地宣传、推广、普及太极拳运动,弘扬中国优秀传统文化,由武术运动管理中心组织专家创编推出的继二十四式简化太极拳之后又一个更加简化、较为理想的太极拳入门套路。其内容将各式太极拳中共性的、核心的技术进行整理规范,即围绕着太极拳"掤、捋、挤、按、采、挒、肘、靠"八种劲法,结合"进、退、顾、盼、定"五种步法,以及配合站桩和行进两种锻炼形式进行梳理提炼而形成。它动作结构简单,数量合理,内涵丰富,易学易练。

(二)动作名称

1. 起势

2. 左掤势   17. 左靠势

3. 右捋势   18. 进步左右掤势

4. 左挤势   19. 退步左右捋势

5. 双按势   20. 左移步左挤势

6. 右採势   21. 左移步双按势

7. 左挒势   22. 右移步右挤势

8. 左肘势   23. 右移步双按势

9. 右靠势   24. 退步左右採势

10. 右掤势   25. 进步左右挒势

11. 左捋势   26. 右移步右肘势

12. 右挤势   27. 右移步右靠势

13. 双按势   28. 左移步左肘势

14. 左採势   29. 左移步左靠势

15. 右挒势   30. 中定左右独立势

16. 右肘势   31. 十字手收势

(三)动作说明及图解

1. 起势

动作过程:

(1)身体自然直立,两脚并拢,头颈端正,肩臂松垂,两手轻贴大腿侧;面向南,目向前平视，心情宁静（如图7-2-1①）。

（2）左脚向左轻轻开步，两脚相距与肩同宽，脚尖向前（如图7-2-1②）。

（3）两手缓慢向前向上平举至与肩同高时，手心向下，两臂相距同肩宽，肘微下垂（如图7-2-1③）。

（4）上体保持正直，两腿缓缓屈膝半蹲，两掌轻轻下按，落于腹前，掌与膝相对（如图7-2-1④）。

要点：全身放松，舌顶上颚，呼吸自然。

用法：起手用于掤开转掌小指侧砍对方颈部两侧。落、採掌用于沾住对方时发放。

图7-2-1①　　　　　　图7-2-1②　　　　　　图7-2-1③　　　　　　图7-2-1④

2. 左掤势

动作过程：身体右转，右手向上画弧至胸前，掌心向下，左手向下画弧至腹前，掌心向上，两掌心相对成抱球状（如图7-2-2①）；随后身体左转，左手向前掤出，掌心向内，右手下按至右胯旁，目视左手（如图7-2-2②）。

要点：两手分开要保持弧形，分手的速度要一致。

用法：掤时两臂要撑圆，后手五指附在前手腕内，助力外撑。这是主动进攻的招式。

3. 右将势

动作过程：上体右转，两掌旋臂翻掌，以腰带臂，向下、向外画弧将带，目视右手（如图7-2-3①②）。

要点：将在掌心，以腰带臂，向外将带，腰与手臂动作要一致。

用法：将是破掤的招法，两掌以感觉探知对方虚实，一手接对方腕，另一手附对方肘，顺力将开对方臂，随将进招。

4. 左挤势

动作过程：上体左转，同时左臂屈肘横于胸前，掌心向内，指尖向右；右臂内旋，掌心向外，指尖向上，掌指附于左腕内侧，面向正前，目视前方（如图7-2-4①②）。

要点：向前挤时，上体要正直，左右手臂动作一致。

用法：将开对方掤手之后，遂以挤手进攻，搭手后以手和臂向对方空隙挤按，两手合拢以增加力量。

5. 双按势

动作过程：左右掌转掌心向下，右掌从左掌上抹出；随后两掌向后、向下经腹前再向前推按，掌心向前，目视前方（如图7-2-5①②）。

要点：向前推按掌，两手相距同肩宽。

用法：按是破挤的招法，下按对方挤来之臂，使对方挤不得力，挤力落空。

6. 右採势

动作过程：上体右转，同时两手臂内旋抓握拳，左手臂伸直，拳心向上，右手臂屈肘在胸前，拳心向下，目视左拳（如图7-2-6①②）。

要点：双臂向下採时，腰必须向右转。

用法：用手抓对方臂时，力在十指才能抓实，由上向下採拿。

7. 左挒势

动作过程：上体左转，两拳变掌，随转体两手臂内旋，同时向前、向左挒带，左掌心向外，右掌心向上，目视右掌（如图7-2-7①②）。

要点：转腰、挒带一致。

用法：挒是取对方全臂，一手抓对方腕，另一手横击对方肘，横向发力。

8. 左肘势

动作过程：上体右转，同时左手变拳屈臂，向前方撞肘，右手掌护左臂外侧，目视肘尖（如图7-2-8）。

要点：转腰与顶肘协调一致。

用法：肘是屈臂以肘尖横击对方。

9. 右靠势

动作过程：上体左转，右手变拳曲臂撑圆，用右肩向前靠击，左拳变掌收至右肩旁，目视右掌（如图7-2-9）。

要点：靠在肩胸，右臂撑圆，肩臂靠击。

用法：靠是以肩靠对方胸，或以膀靠对方腰肋部。

图7-2-2①　　　　图7-2-2②　　　　图7-2-3①　　　　图7-2-3②　　　　图7-2-4①

图 7-2-4② 　　　　图 7-2-5① 　　　　图 7-2-5② 　　　　图 7-2-6①

图 7-2-6② 　　图 7-2-7① 　　图 7-2-7② 　　图 7-2-8 　　图 7-2-9

10. 右掤势：动作过程同"左掤势"，唯方向相反（如图 7-2-10①②）。

11. 左捋势：动作过程同"右捋势"，唯方向相反（如图 7-2-11①②）。

12. 右挤势：动作过程同"左挤势"，唯方向相反（如图 7-2-12①②）。

13. 双按势：动作过程同"双按势"，唯方向相反（如图 7-2-13①②）。

14. 左採势：动作过程同"右採势"，唯方向相反（如图 7-2-14①②）。

15. 右挒势：动作过程同"左挒势"，唯方向相反（如图 7-2-15①②）。

16. 右肘势：动作过程同"左肘势"，唯方向相反（如图 7-2-16）。

17. 左靠势：动作过程同"右靠势"，唯方向相反（如图 7-2-17）。

图 7-2-10① 　　　　图 7-2-10② 　　　　图 7-2-11① 　　　　图 7-2-11②

图 7-2-12① 　　图 7-2-12② 　　图 7-2-13① 　　图 7-2-13② 　　图 7-2-14①

图 7-2-14② 　　　　 图 7-2-15① 　　　　 图 7-2-15② 　　　　 图 7-2-16 　　　　 图 7-2-17

18. 进步左右掤势

动作过程：（1）右转体的同时，重心移至右脚，左脚收于右腿内侧，面向西，目视前方；左臂逆时针旋转屈于腹前，手心向上，右手画弧翻转至腹前，手心向下，与左手相对如同抱球（如图 7-2-18①）。

（2）左脚向前轻轻迈出一步，脚跟着地，前移成左弓步；同时左臂向前掤出，臂微屈，掌心向内，高与肩平，右掌向左、向下落于右胯旁，掌心向下，目视左前臂（如图 7-2-18②）。

（3）向右掤势转换时，身体重心后坐，左脚外摆，右脚跟步抱球，其余动作与左掤动作相同，唯方向相反（如图 7-2-18③④）。

要点：步法移动要平稳，手臂前掤要与下肢协调一致。

用法：若有人对面用左手击我胸部，我即将右脚就原位稍往外转动落实，随起左足往前踏出一步，屈膝落实。后腿伸直，两脚左实右虚，同时将左手提起至胸前，手心向内，肘尖略垂，即以我之腕贴在对方之肘腕中间，用蹬、掤、推的混合劲往前往上掤去。与人搭手时，触及手腕可用掤。

图 7-2-18① 　　　　 图 7-2-18② 　　　　 图 7-2-18③ 　　　　 图 7-2-18④

19. 退步左右捋势

动作过程：左脚向后撤步，重心后移，身体左转，以腰带臂，两手向下、向左画弧捋带，目视左掌。右捋势动作与左捋动作完全相同，唯方向相反（如图 7-2-19①②③④）。

要点：身体要中正，重心后移与下肢要一致。

用法：若有人用右手击我右侧肋部，我即将右足向右后撤步落实，左脚变虚。身亦同时向右拧转。眼随往来拳方向看，左右手同时弧形转往来拳，左手在前，手心侧向里，右手在后，手心侧向下，转至左手心向下右手心向上时，迅速将我右腕里面贴对方肘上臂部外侧。左腕外面贴对方肘下臂部外侧，全身重心落在右腿（右脚变实，左脚变虚），往右斜方捋带。左撤步相同方向相反。与人搭手触及肘时可用捋。

| 图 7-2-19① | 图 7-2-19② | 图 7-2-19③ | 图 7-2-19④ |

20. 左移步左挤势

动作过程：（1）上体左转，左脚向前偏左上步，脚跟落地（如图 7-2-20①）。

（2）重心前移，右脚收至左脚内侧后方，脚前掌着地成右丁步，同时左臂屈肘横于胸前，掌心向内，指尖向右，右臂内旋，掌心向外，指尖向上，掌指附于左手腕内侧，面向南，目视前方（如图 7-2-20②③）。

要点：向前挤时，上体要正直，手臂动作与步法一致。

用法：捋开对方掤手之后，遂以挤手进攻，搭手后以手和臂向对方空隙挤按，两手合拢以增加力量。

| 图 7-2-20① | 图 7-2-20② | 图 7-2-20③ |

21. 左移步双按势

动作过程：左脚向左侧开步，脚跟着地，随后重心移至左腿，身体左转，右脚跟步，同时两掌由展开随转体经胸向前按出，目视前方（如图 7-2-21①②③）。

要点：身体转动要充分，上步与双按掌要一致。

用法：按是破挤的招法，下按对方挤来之臂，使对方挤不得力，挤力落空。

22. 右移步右挤势

动作过程：左脚扣脚，右脚向右开步，脚掌着地，随后重心移至右脚，左脚跟步，同时两掌相叠向右侧横挤，右手在外，掌心朝内，左掌附于右手腕，掌心向外，指尖向上，目视右掌（如图7-2-22①②）。

要点：身体转动要充分，并步与右挤势要一致。

用法：设对方往回抽其臂，我即屈右膝，右脚变实。左腿跟步蹬伸助力，左脚虚。同时快速将右手心翻向上向里，左手心翻向下，合于我之右腕上，乘其抽臂之时顺势由蹬腿、转腰、合胯、推挤发出寸劲、穿透力。

23. 右移步双按势

动作过程：（1）上体左转，左手臂展开，两手掌于身体两侧，双掌心向上，同时动右脚，成右虚步，面向东，目视前方（如图7-2-23①）。

（2）右脚向前上步，脚跟落地，重心前移，左脚收至右脚内侧后方，脚前掌着地，成左丁步；双掌向前推出，掌心向前，目视双掌（如图7-2-23②）。

要点：向前推按掌与上步要一致，两手相距宽度不要超过肩。

用法：按是破挤的招法，下按对方挤来之臂，使对方挤不得力，挤力落空。

图 7-2-21①   图 7-2-21②   图 7-2-21③   图 7-2-22①

图 7-2-22②   图 7-2-23①   图 7-2-23②

24. 退步左右採势

动作过程：（1）右脚扣脚，上体左转，面向东南，重心在右脚，同时两手臂内旋抓握拳，右手臂前伸，拳心向上，左手臂屈肘在胸前，拳心向下，目视右拳（如图7-2-24①②）。

（2）左脚后撤，重心移向左脚，同时双手臂由上向下採拉，目视右拳（如图7-2-24③④）。

（3）右採势动作与左採势动作（左右动作互换）方向相反。

要点：移步要中正平稳，双臂向下採时，腰随之转动。

用法：用手抓对方臂时，力在十指才能抓实，由上向下采拿。

25. 进步左右捯势

动作过程：(1)左脚尖外摆，上体向左转，面向南，同时双手臂内旋，左拳变掌附于右臂，目视右掌(如图7-2-25①)。

(2)重心前移至左脚，两掌向左平捯带，左掌心向外，右掌心向上，目视右掌(如图7-2-25②)。

(3)右捯势动作与左捯势动作(左右动作互换)方向相反。

要点：移重心、转腰、捯带要一致。

用法：捯是取对方全臂，一手抓对方腕，另一手横击对方肘，向侧或向下捯带。

图 7-2-24①　　　　　图 7-2-24②　　　　　图 7-2-24③

图 7-2-24④　　　　　图 7-2-25①　　　　　图 7-2-25②

26. 右移步右肘势

动作过程：左脚并右脚，上体向右转，面向南方，右脚向右横一步，左脚跟步，同时右掌变拳屈臂，左掌附右前臂，向东南方横击肘，目视肘尖(如图7-2-26①②)。

要点：步法与击肘协调一致。

用法：肘是屈臂以肘尖横击对方。

27. 右移步右靠势

动作过程：右脚向右开步成半马步，右臂撑圆，用右肩臂之力向右靠，左掌附于右肩前，目视左掌(如图7-2-27)。

要点：步法与肩靠一致，目视左掌，意想右肩。

用法：靠是以肩靠对方胸，或以膀靠对方腰肋部。

图 7-2-26①   图 7-2-26②   图 7-2-27

28. 左移步左肘势

动作过程：右脚扣脚，上体向左转，面向东南，左脚跟着碾转，右脚跟步，同时左掌变拳屈臂，右手变掌画弧附左前臂，向南方横击肘，目视肘尖（如图 7-2-28①②）。

要点：步法与击肘协调一致。

用法：肘是屈臂以肘尖横击对方。

29. 左移步左靠势

动作过程：左脚向左开步成半马步，左臂撑圆，用左肩臂之力向左靠，右掌附于左肩前，目视右掌（如图 7-2-29）。

要点：步法与肩靠一致，目视右掌，意想左肩。

用法：靠是以肩靠对方胸，或以膀靠对方腰肋部。

图 7-2-28①   图 7-2-28②   图 7-2-29

30. 中定左右独立势

动作过程：(1)右脚向前收半步，左脚提起成独立势，左拳变掌由体侧向前向上挑掌，右掌按于右胯旁，目视前方（如图 7-2-30①②③）。

(2)左独立势动作与右独立势动作完全相同，左右互换（如图 7-2-30④⑤）。

要点：独立势要稳定，与挑掌要协调一致。

用法：身体要保持中正，以静制动。以中定寻对方空隙，先发而制对方。不可冒进，故而以中定待机而发。

   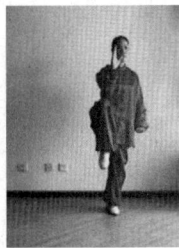 

图 7-2-30① 　　　图 7-2-30② 　　　图 7-2-30③ 　　　图 7-2-30④ 　　　图 7-2-30⑤

31.十字手收势

动作过程：（1）左手交叉于右手下成十字手，两手掌心均向上，两手臂旋转分开，转掌心向下，同时双掌慢慢下落至两腿外侧，松肩垂臂，上体正直自然，目视前方（如图 7-2-31①②）。

（2）左脚收至右脚旁并拢，脚尖向前，身体直立自然，呼吸平稳均匀，目视前方（如图 7-2-31③④）。

要点：身体中正，头正颈直，意识内敛。

用法：神意内收，回归无极，回归自然。

图 7-2-31① 　　　　图 7-2-31② 　　　　图 7-2-31③ 　　　　图 7-2-31④

提示：八法五步十三种方法，可以单独站桩练习，也可以分成几个小组合进行练习。如：①掤、捋、挤、按，②採、挒、肘、靠，③掤、捋、挤、按、採、挒、肘、靠，④进、退、顾、盼、定，都可以反复连贯进行练习。

二、二十四式简化太极拳

（一）动作名称

动作示范

1. 起势 　　　　　　　2. 左右野马分鬃（3 次）　　　3. 白鹤亮翅

4. 左右搂膝拗步（3 次）　5. 手挥琵琶 　　　　　　　6. 左右倒卷肱（4 次）

7. 左揽雀尾 　　　　　　8. 右揽雀尾 　　　　　　　9. 单鞭

10. 云手（3 次）　　　　11. 单鞭 　　　　　　　　12. 高探马

13. 右蹬脚	14. 双峰贯耳	15. 转身左蹬脚
16. 左下势独立	17. 右下势独立	18. 左右穿梭
19. 海底针	20. 闪通臂	21. 转身搬拦捶
22. 如封似闭	23. 十字手	24. 收势

(二)动作说明及图解

1. 起势

动作过程：

(1)两脚并拢，身体自然直立，头颈正直；两臂自然下垂，两手指尖轻贴于大腿外侧；眼向前平视(如图 7-2-32①)。

(2)左脚提起向左慢慢开步，与肩同宽，脚尖向前(如图 7-2-32②)。

(3)两臂慢慢向前内旋，向前向上掤起，两手高与肩平，与肩同宽，手心向下(如图 7-2-32③④)。

(4)上体保持正直，两腿屈膝下蹲；同时两掌轻轻下按至腹前，两肘下垂与膝相对；眼平视前方(如图 7-2-32⑤)。

图 7-2-32①　　　图 7-2-32②　　　图 7-2-32③　　　图 7-2-32④　　　图 7-2-32⑤

动作要点：头颈端正，下颌要微向后收，头顶用意向上虚领顶劲。颈部不要松弛，大椎贴衣领，不可仰头或低头。身体直立或下蹲时，要敛臀收腹，躯干正直，不可挺胸凸肚突臀、前俯后仰；左脚开步时，重心先移向右腿，左脚跟先离地，随之前脚掌再离地，轻轻提起全脚，高不过右踝；向左开步落脚时，前脚掌先着地，随之全脚掌逐渐踏实。这种重心转换的做法，体现了太极拳运动的"轻起轻落"这一重要步法规律。两手臂前平举时，肩带肘手，肘关节微屈，保持沉肩垂肘的要领，不要掀肘耸肩；屈蹲下按掌时，两掌下按与下蹲协调一致，掌心下按到终点(小腹前)定势时，必须舒指展掌，不要坐腕向上跷指。

教法提示：并脚直立，开步站立，两臂前举，屈膝下按。

2. 左右野马分鬃

动作过程：

(1)上体微向右转，身体重心移至右腿上，同时右臂收于胸前成平屈，手心向下，左手经体前向右下画弧放在右手下，手心向上，两手心相对成抱球状；左脚随即收到右脚内侧，脚尖点地，眼视右手（如图 7-2-33①）。

（2）上体微向左转，左脚向左前方迈出，同时左右手随转体慢慢分别向左上、右下分开，眼视左手（如图 7-2-33②）。

（3）上体继续左转，右脚跟后蹬，右腿自然伸直成左弓步；左右手随转体继续向左上、右下分开，左手指高与眼平，手心斜向上，肘微屈；右手落在右胯旁，肘微屈，手心向下，指尖向前，眼视左手（如图 7-2-33③）。

（4）上体慢慢后坐，身体重心移至右腿，左脚尖稍翘起，微向外摆（45°～60°），同时两手准备抱球状（如图 7-2-33④）。

（5）左脚掌慢慢踏实，左腿慢慢前弓，身体左转，身体重心再移至左腿；同时左手翻转掌心向下，左臂收于胸前或平屈，右手向左上画弧放在左手下，两手心相对成抱球状；右脚随即收到左脚内侧，脚尖点地，眼视左手（如图 7-2-33⑤）。

（6）上体微右转，右腿向右前方迈出，同时左右手随转体慢慢分别向左下、右上分开，眼视右手（如图 7-2-33⑥）。

图 7-2-33①

图 7-2-33②

图 7-2-33③

图 7-2-33④

图 7-2-33⑤

图 7-2-33⑥

（7）左腿自然伸直成右弓步，同时上体继续右转，左右手继续随转体分别慢慢向左下、右上分开，右手指高与眼平，手心斜向上，肘微屈；左手落在左胯旁，肘微屈，手心向下，指尖向前，眼视右手（如图 7-2-33⑦）。

（8）动作与（4）同，唯左右相反（如图 7-2-33⑧）。

（9）动作与（1）同（如图 7-2-33⑨）。

（10）动作与（2）同（如图 7-2-33⑩）。

（11）动作与（3）同（如图 7-2-33⑪）。

动作要点：上体不可前俯后仰，脚部必须宽松舒展。两臂分开时要保持弧形。身体转动时要以腰为轴。弓步动作与分手的速度要均匀一致。做弓步时，迈出的脚先是脚跟着地，然后脚掌慢慢踏实，脚尖向前，膝盖不要超过脚尖；后腿自然伸直；前后脚夹角 45°～60°（需要时后脚脚跟可以后蹬调整）；野马分鬃式的弓步，前后脚的脚跟要分在中轴线的两侧，它们之间的横向距离（即以动作行进的中线为纵轴，其两侧的垂直距离为横向）应保持在 10～30 厘米。

教法提示：抱球收脚，上步分手，弓步分手，重心后坐，抱球收脚，上步分手，弓步分手。

图 7-2-33⑦　　　图 7-2-33⑧　　　图 7-2-33⑨　　　图 7-2-33⑩　　　图 7-2-33⑪

3. 白鹤亮翅

动作过程：

（1）上体微向左转，左掌心翻转向下，左臂平屈胸前，右手向左下画弧，手心转向上，与左手相对成抱球状，眼视左手（如图 7-2-34①）。

（2）右脚跟进半步，上体后坐，身体重心移至右腿；上体先向右转，面向右前方，眼视右手，然后左脚稍向前移，脚尖点地，成左虚步，同时上体再微向左转，面向前方，两手随转体慢慢向左下、右上分开，右手上提停于右额前，手心向左后方，左手落于左胯前，手心向下，指尖向前；眼平视前方（如图 7-2-34②）。

图 7-2-34①　　　　　　　图 7-2-34②

动作要点：完成姿势胸部不要挺出，两臂上下都要保持半圆形，左膝要微屈；身体重心后移和右手上提、左手下按要协调一致。

教法提示：转体抱手，虚步分掌。

4. 左右搂膝拗步

动作过程：

(1)右手从体前裹肘下落，由下向后上方画弧举至右肩外侧，肘微屈，手与耳同高，手心斜向上；左手由左下向上，向右画弧至右胸前，手心斜向下，同时上体先微向左再向右转，左脚收至右脚内侧，脚尖点地，眼视右手(如图 7-2-35①②③)。

(2)上体左转，左脚向前(偏左)迈出成左弓步，同时右手屈回由耳侧向前推出，指尖高与鼻尖平，左手向下由左膝前搂过落于左胯旁，指尖向前，眼视右手(如图 7-2-35④⑤)。

(3)右腿慢慢屈膝，上体后坐，重心移至右腿，左脚尖翘起微向外撇，随后脚掌慢慢踏实，左腿前弓，身体左转，重心移至左腿，右脚收到左脚内侧，脚尖点地，同时左手向外翻掌，由左后向上画弧至左肩外侧，肘微屈，手与耳同高，手心斜向上；右手随转体向上、向左下画弧落于左胸前，手心斜向下，眼视左手(如图 7-2-35⑥⑦)。

(4)动作与(2)同，唯左右相反(如图 7-2-35⑧⑨)。

(5)动作与(1)同。

(6)动作与(2)同。

图 7-2-35①　　　图 7-2-35②　　　图 7-2-35③　　　图 7-2-35④　　　图 7-2-35⑤

图 7-2-35⑥　　　　图 7-2-35⑦　　　　图 7-2-35⑧　　　　图 7-2-36⑨

动作要点：前手推出时，身体不可前俯后仰，要松腰松胯，推掌时要沉肩垂肘，坐腕舒掌，同时须与松腰、弓腿上下协调一致；搂膝拗步成弓步时，两脚跟的横向距离约30厘米。

教法提示：托掌收脚，弓步搂推，托掌收脚，弓步搂推，托掌收脚，弓步搂推。

5. 手挥琵琶

动作过程：

(1)右脚跟进半步，上体后坐，重心移至右腿上，上体半面向右转(如图7-2-36①)。

(2)左脚略提起稍向前移，变成左虚步，脚跟着地，脚尖翘起，膝部微屈，同时左手由左下向上挑，高与鼻尖平，掌心向右，臂微屈；右手收回放在左臂肘关节内侧，掌心向左；两手成侧立掌合于体前，眼视左手食指(如图7-2-36②)。

动作要点：身体要平稳自然，沉肩垂肘，胸部放松，左手上起；肘不要直向上挑，要由左向上、向前，微带弧形；右脚跟进时，脚掌先着地，再全脚踏实；身体重心后移和左手上起、右手收回要协调一致。

教法提示：跟步后坐，虚步合手。

图 7-2-36①　　　　图 7-2-36②

6. 左右倒卷肱

动作过程：

(1)上体右转，右手翻掌(手心向上)经腹前由下向后上方画弧平举，臂微屈，左手随即翻掌向上；眼随转体先右视，再转向前方看左手(如图7-2-37①)。

(2)右臂屈肘转掌心向前，找右耳根，由耳侧向前推出，手心向前，左臂屈肘后撤，手心向上，撤至左肋外侧，同时左腿轻轻提起向后(偏左)退一步，脚掌先着地，然后全脚慢慢踏实，身体重心移到左腿上，成右虚步，右脚随转体以脚掌为轴扭正，眼视右手(如图7-2-37②③)。

(3)(4)与(1)(2)同，唯方向相反(如图7-2-37④⑤⑥)。

(5)(6)与(1)(2)同(如图7-2-37⑦⑧⑨)。

(7)(8)与(1)(2)同，唯方向相反(如图7-2-37⑩⑪⑫)。

图 7-2-37①　　　　图 7-2-37②　　　　图 7-2-37③　　　　图 7-2-37④

图 7-2-37⑤　　　图 7-2-37⑥　　　图 7-2-37⑦　　　图 7-2-37⑧　　　图 7-2-37⑨

图 7-2-37⑩　　　　图 7-2-37⑪　　　　图 7-2-37⑫

动作要点：前推手不要伸直，后撤手也不要直向回抽，两手随转体画弧行进。前推时要转腰松胯，两手的速度要一致，避免僵硬；退步时，脚掌先着地，再慢慢全脚踏实，同时前脚随转体以脚掌为轴扭正，退左脚略向左后斜，退右脚略向右后斜，避免使两脚落在一条直线上；后退时，眼神随转体动作先向左（右）视，然后再转视前手；最后退右脚时，脚尖外撇的角度略大些，便于接做"左揽雀尾"的动作。

教法提示：转体举手，退步卷肱，转体举手，退步卷肱，转体举手，退步卷肱，转体举手，退步卷肱。

7. 左揽雀尾

动作过程：

（1）上体微向右转，同时右掌随转体向后上方画弧平举，手心向上，左手放松，手心向下，眼视前方（如图 7-2-38①）。

（2）身体继续向右转，左手自然下落，逐渐翻掌经腹前画弧至右肋前，手心向上；右臂屈肘，手心转向下，收至右胸前，两手相对成抱球状，同时身体重心落在右腿上，左脚收至右脚内侧，脚尖点地，眼视右手（如图7-2-38②）。

（3）上体微向左转，左脚向左前方迈出，上体继续向左转，右腿自然蹬直，左腿屈膝成左弓步，同时左臂向左前方掤出（即左臂平屈成弓形，用前臂外侧和手背向前方推出），高与肩平，手心向后；右手向右下落放于右胯旁，手心向下，指尖向前，眼视左前臂（如图7-2-38③④）。

图7-2-38①   图7-2-38②   图7-2-38③   图7-2-38④

（4）身体微向左转，左手随即前伸翻掌向下，右手翻掌向上，经腹前向上、向前伸至左前臂下方，然后两手下捋，即上体向右转。两手经腹前向右后上方画弧，直至右手心向上，高与肩平，左臂平屈于胸前，手心向后，同时身体重心移至右腿，眼视右手（如图7-2-38⑤）。

（5）上体微向左转，右臂屈肘折回，右手立掌附于左手掌横腕，上体继续向左转，双手同时向前慢慢挤出，左手心向后，右手心向前，左前臂要保持半圆，同时身体重心逐渐前移变成左弓步，眼视左手腕部（如图7-2-38⑥）。

（6）左手翻掌，手心向下，右手经左手腕上方向前、向右伸出，高与左手齐，手心向下，两手左右分开，宽与肩同，然后右腿屈膝，上体慢慢后坐，身体重心移至右腿上，左脚尖翘起，同时两手屈肘回收至腹前，手心均向前下方，眼向前平视（如图7-2-38⑦⑧）。

（7）上式不停，身体重心慢慢前移，同时两手向前、向上按出，掌心向前；左腿前弓成左弓步，眼正视前方（如图7-2-38⑨）。

图7-2-38⑤   图7-2-38⑥   图7-2-38⑦   图7-2-38⑧   图7-2-38⑨

动作要点：掤出时，两臂前后均保持弧形。分手、松腰、弓腿三者必须协调一致。揽雀尾弓步时，两脚跟横向距离不超过 10 厘米。下捋时，上体不可前倾，臀部不要凸出，两臂下捋须随腰旋转，仍走弧线。左脚全脚掌着地，向前挤时，上体要正直。挤的动作要与松腰、弓腿相一致，向前按时，两手须走曲线，手腕部高与肩平，两肘微屈。

教法提示：转体收脚抱球，弓步掤臂，下捋，搭腕，弓步前挤抹分，后坐收手，弓步前按。

8. 右揽雀尾

动作过程：

(1) 上体后坐并向右转，身体重心移至右腿，左脚尖里扣；右手向右平行画弧至右侧，然后由右下经腹前向左上画弧至左肋前，手心向上；左臂平屈胸前，左手掌心向下与右手成抱球状，同时身体重心再移到左腿上，右脚收到左脚内侧，脚尖点地，眼视左手（如图 7-2-39①）。

(2) 同"左揽雀尾"(3)，唯左右相反（如图 7-2-39②③）。

(3) 同"左揽雀尾"(4)，唯左右相反（如图 7-2-39④）。

(4) 同"左揽雀尾"(5)，唯左右相反（如图 7-2-39⑤）。

(5) 同"左揽雀尾"(6)，唯左右相反（如图 7-2-39⑥⑦）。

(6) 同"左揽雀尾"(7)，唯左右相反（如图 7-2-39⑧）。

图 7-2-39①

图 7-2-39②

图 7-2-39③

图 7-2-39④

图 7-2-39⑤

图 7-2-39⑥

图 7-2-39⑦

图 7-2-39⑧

动作要点：与"左揽雀尾"相同，唯左右相反。

教法提示：①收脚抱球，②弓步掤臂，③转腰下捋，④弓步前挤，⑤后坐收抹，⑥弓步前按。

9. 单鞭

动作过程：

(1)上体后坐，重心逐渐移至左腿，右脚尖里扣，同时上体左转，两手(左高右低)向左弧形运转，直至左臂平举，伸于身体左侧，手心向左，右手经腹前运至左肋前，手心向后上方，眼视左手(如图7-2-40①②)。

(2)重心再渐渐移至右腿上，上体右转，左脚向右脚靠拢，脚尖点地，同时右手向右上方画弧(手心由里转向外)，至右侧方时变勾手，臂与肩平；左手向下经腹前向右上画弧停于右肩前，手心向里，眼视左手(如图7-2-40③)。

(3)上体微向左转，左脚向左前方迈出，右脚跟后蹬，成左弓步；在身体重心移向左腿的同时，左掌随上体的继续左转慢慢翻转，向前推出，手心向前，手指与眼齐平，臂微屈，眼视右手(如图7-2-40④⑤)。

图 7-2-40①　　图 7-2-40②　　图 7-2-40③　　图 7-2-40④　　图 7-2-40⑤

动作要点：上体保持正直，松腰，完成式时，右臂肘部稍下垂，左肘与左膝上下相对，两肩下垂；左手向外翻转掌前推时，要随转体边翻边推出，不要翻转太快或最后突然翻掌。全部过渡上下要协调一致，如面向南起势，单鞭的方向(左脚尖)动作应向东偏北(大约为15°)。

教法提示：转体运臂，勾手收脚，弓步推掌。

10. 云手

动作过程：

(1)重心移至右腿上，身体渐向右转，左脚尖里扣；左手经腹前向右上画弧至右肩前，手心斜向后，同时右手松勾手变掌，手心向右前，眼视左手(如图7-2-41①)。

(2)上体慢慢左转，重心随之逐渐左移；左手由脸前向左侧运转，手心渐渐转向左方；右手由右下经腹前向左上画弧，至左肩前，手心斜向后，同时右脚靠近左脚，成小开立步(两脚距离10～20厘米)，眼视右手(如图7-2-41②③)。

(3)上体再向右转，同时左手经腹前向右上画弧至右肩前，手心斜向后；右手向右侧运转，手心翻转向右，随之左腿向左横跨一步，眼视左手(如图7-2-41④⑤)。

(4)同(2)(如图 7-2-41⑥⑦)。

(5)同(3)(如图 7-2-41⑧⑨)。

图 7-2-41①　　　　图 7-2-41②　　　　图 7-2-41③　　　　图 7-2-41④　　　　图 7-2-41⑤

图 7-2-41⑥　　　　图 7-2-41⑦　　　　图 7-2-41⑧　　　　图 7-2-41⑨

动作要点：身体转动要以腰脊为轴，松腰松胯，不可忽高忽低。两臂随腰的转动而运转，要自然圆活，速度要缓慢均匀；下肢移动时，身体重心稳定，两脚内侧先着地，再全脚踏实，脚尖向前。视线随左右手而移动。第三个"云手"，右脚做后跟步时，脚尖微向里扣，便于接"单鞭"动作。

教法提示：转体松勾，云手收脚，云手开步，云手收脚，云手开步，云手收脚。

11. 单鞭

动作过程：

(1)上体向右转，右手随之向右运转，至右侧方时变成勾手；左手经腹前向右画弧至右肩前，手心向内；重心落在右腿上，左脚尖点地，眼视左手(如图 7-2-42①②)。

(2)上体微向左转，左脚向左前侧方迈出，右脚跟后蹬，成左弓步；在身体重心移向左腿的同时，上体继续左转，左掌慢慢翻转向前推出，成"单鞭"式(如图 7-2-42③)。

图 7-2-42①　　　　　　图 7-2-42②　　　　　　图 7-2-42③

动作要点：与前"单鞭"式相同。

教法提示：转体勾手，弓步推掌。

12. 高探马

动作过程：

(1)右脚跟进半步，身体重心逐渐后移至右腿上；右勾手变成掌，两手心翻转向上，两肘微屈，同时身体微向右转，左脚跟渐渐离地，眼视左前方(如图7-2-43①②)。

(2)上体微向左转，面向左前方，右掌经右身旁向前推出，手心向前，手指与眼同高；左手收至左侧腰前，手心向上，同时左脚微向前移，脚尖点地，成左虚步，眼视右手(如图7-2-43③)。

图 7-2-43①   图 7-2-43②   图 7-2-43③

动作要点：蹬脚须协调一致，右臂和腿上下相对。如面向南起势，蹬脚方向应为正东偏南约90°。上体自然正直，双肩要下沉，右肘微下垂。跟步移换重心时，身体不要有起伏。

教法提示：跟步翻掌，虚步推掌。

13. 右蹬脚

动作过程：

(1)左手手心向上，前伸至右手腕背面，两手相互交叉，随即向两侧分开并向下画弧，手心斜向下，同时左脚提起向左前侧方进步(脚尖稍外撇)，身体重心前移至左脚，眼视前方(如图7-2-44①②)。

(2)两手由外圈向里圈画弧，两手交叉合抱于胸前，右手在外，手心均向内，同时右脚向左脚靠拢，脚尖点地，眼平视右前方(如图7-2-44③)。

(3)两手臂左右画弧分开平举，肘部微屈，手心均向外，同时右腿屈膝提起，右脚向右前方慢慢蹬出，眼视右手(如图7-2-44④)。

图 7-2-44①

图 7-2-44②

图 7-2-44③

图 7-2-44④

动作要点：身体要稳定，不可前俯后仰。两手分开时，腕部与肩齐平；蹬脚时，左腿微屈，右脚尖回勾，力点在脚跟，分手与蹬脚须协调一致，右臂和腿上下相对。如面向南起势，蹬脚方向应为正东偏南约 90°。

教法提示：前移分手，抱手收脚，分手蹬脚。

14. 双峰贯耳

动作过程：

(1) 右腿收回，屈膝平举；左手由后向上、向前下落至体前，两手心均翻转向上；两手同时向下画弧，分落于右膝盖两侧，眼视前方（如图 7-2-45①）。

(2) 右脚向右前方落下，重心渐渐前移，成右弓步，面向右前方，同时两手下落，慢慢变拳，分别从两侧向上、向前画弧贯拳至面部前方，成钳形状，两拳相对，高与耳齐，拳眼都斜向内下（两拳中间距离 10～20 厘米），眼视右拳（如图 7-2-45②）。

图 7-2-45①

图 7-2-45②

动作要点：头顶正直，松腰松胯，两拳松握，沉肩垂肘，两臂均保持弧形。双峰贯耳式的弓步和身体方向与右蹬脚式方向相同。弓步的两脚跟横向距离 10～20 厘米。

教法提示：屈膝落手，弓步贯拳。

15. 转身左蹬脚

动作过程：

(1) 左腿屈膝后坐，身体重心移至左腿，上体左转，右脚尖里扣，同时两拳变掌，由上向左右画弧分开平举，手心向前，眼视左手（如图 7-2-46①）。

（2）身体重心再移至右腿，左脚收到右脚内侧，脚尖点地，同时两手由外圈向里圈画弧合抱于胸前，左手在外，手心均向后，眼平视左方（如图 7-2-46②③）。

（3）两手臂左右画弧分开平举，肘部微屈，手心均向外；同时左腿屈膝提起，左脚向左前方慢慢蹬出，眼视左手（如图 7-2-46④）。

图 7-2-46①　　　　图 7-2-46②　　　　图 7-2-46③　　　　图 7-2-46④

动作要点：与右蹬脚式相同，唯左右相反。左蹬脚方向与右蹬脚方向成 180°（即正西偏北约 30°）。

教法提示：转身分掌，收脚抱手，分手蹬脚。

16. 左下势独立

动作过程：

（1）左腿收回平屈，上体右转；右掌变成勾手，左掌向上、向右画弧下落，立于右肩前，掌心斜向内，眼视右手（如图 7-2-47①）。

（2）右腿慢慢屈膝下蹲，左腿由内向左侧（偏后）伸出，成左扑步，左手下落（掌心向外）向左下顺左腿内侧向前穿出，眼视左手（如图 7-2-47②）。

（3）身体重心前移，左脚跟为轴，脚尖尽量向外撇，左腿前弓，右腿后蹬，右脚尖里扣，上体微向左转并向前起身，同时左臂继续向前伸出（立掌），掌心向右，右勾手下落，勾尖向后，眼视左手（如图 7-2-47③）。

（4）右腿慢慢提起平屈，成左独立式，同时右勾手变掌，并由后下方顺右腿外侧向前弧形上挑，屈臂立于右腿上方，肘与膝相对，手心向左；左手落于左胯旁，手心向下，指尖向前，眼视右手（如图 7-2-47④⑤）。

图 7-2-47①　　图 7-2-47②　　图 7-2-47③　　图 7-2-47④　　图 7-2-47⑤

动作要点：右腿全蹲时，上体不要过于前倾；左腿伸直，左脚尖须向里扣，两脚脚掌全部着地；左脚尖与右脚跟踏在中轴线上，上体要立直，独立的腿要微屈，右腿提起时脚尖自然下垂。

教法提示：收腿收手，扑步穿掌，弓腿起身，独立挑掌。

17. 右下势独立

动作过程：

(1)右脚下落，左脚脚尖着地，然后左脚前脚掌为轴，脚跟转动，身体随之左转，同时左手向后平举变成勾手，右掌随着转体向左侧画弧，立于左肩前，掌心斜向后，眼视左手(如图 7-2-48①)。

(2)同"左下势独立"(2)，唯左右相反(如图 7-2-48②)。

(3)同"左下势独立"(3)，唯左右相反(如图 7-2-48③)。

(4)同"左下势独立"(4)，唯左右相反(如图 7-2-48④⑤)

图 7-2-48①　　　图 7-2-48②　　　图 7-2-48③　　　图 7-2-48④　　　图 7-2-48⑤

动作要点：右脚触地后必须稍微提起，然后再向下扑腿。其他均与"左下势独立"相同，唯左右相反。

教法提示：落脚勾手，扑步穿掌，弓腿起身，独立挑掌。

18. 左右穿梭

动作过程：

(1)身体微向左转，左腿向前落地，脚尖外撇，右脚跟离地，两腿屈膝半坐成半坐盘式，同时两手在左胸前成抱球状(左上右下)，然后右脚收到左脚内侧，脚尖点地，眼视左前臂(如图 7-2-49①)。

(2)身体右转，右脚向右前方迈出，屈膝弓腿成右弓步，同时右手由脸前向上举并翻掌停架在右额前，手心斜向下；左手先向左下，再经体前向前推出，高与鼻尖齐，手心向前，眼视左手(如图 7-2-49②③)。

(3)身体重心略向后移，右脚尖稍向外撇，随即身体重心再移到右腿，左脚跟进，停于右脚内侧，脚尖点地，同时两手在胸前成抱球状(右上左下)，眼视右前臂(如图 7-2-49④)。

(4)同(2)，唯左右相反(如图7-2-49⑤⑥)。

图 7-2-49①　　　　　　　图 7-2-49②　　　　　　　图 7-2-49③

图 7-2-49④　　　　　　　图 7-2-49⑤　　　　　　　图 7-2-49⑥

动作要点：完成姿势面向斜前方(如面向南起势，左右穿梭方向分别为正西偏北和正西偏南，均约30°)。手推出后，上体不可前俯，手向上举时，防止引肩上耸。一手上举，另一手前推，要与弓腿松腰上下协调一致。做弓步时，两脚跟的横向距离在30厘米左右。

教法提示：落脚抱球，弓步架推，跟步抱球，弓步架推。

19. 海底针

动作过程：

(1)右脚向前跟进，身体重心移至右腿，左脚稍向前移举步；右手下落经体前向后、向上提抽至肩上耳旁，左手下落至体前侧(如图7-2-50①)。

(2)左脚尖点地成左虚点，同时身体稍向右转；右手再随身体左转，由右耳旁斜向前下方插出，掌心向左，指尖斜向下；与此同时，左手向前、向下画弧落于左胯旁，手心向下，指尖向前，眼视前下方(如图7-2-50②③)。

图 7-2-50①　　　　　　　图 7-2-50②　　　　　　　图 7-2-50③

动作要点：身体要先向右转，再向左转。完成姿势，面向正西。上体不可太前倾。不要低头和臀部凸出，左腿要微屈。

教法提示：后脚跟步，虚步插掌。

20. 闪通臂

动作过程：

(1)上体稍向右转，左脚微回收半步，同时两手上提，眼视前方(如图7-2-51①)。

(2)左脚向前迈出，脚跟着地；左右两手分别向左前、右后分开；左手心向前，右手心向外，眼视前方(如图7-2-51②)。

(3)重心前移，左腿屈膝弓成左弓步，同时右手曲臂上举，停于右额前上方，掌心翻转斜向上，拇指朝下；左手由胸前随重心前移慢慢向前推出，高与鼻尖平，手心向前，眼视左手(如图7-2-52③)。

图7-2-51①　　　　　图7-2-51②　　　　　图7-2-51③

动作要点：完成姿势上体自然正直，松腰松胯；左臂不要完全伸直，背肌要伸展开；推掌、举手和弓腿的动作要协调一致。弓步时，两脚跟横向距离不超过10厘米。

教法提示：提手收脚，上步分手，弓步架推。

21. 转身搬拦捶

动作过程：

(1)上体后坐，身体重心移至右腿上，左脚尖里扣(如图7-2-52①)；身体向右后转，然后身体重心再移至左腿上；与此同时，右手随着转体向右、向下(变拳)经腹前画弧至左肋旁，拳心向下；左掌上举于头前，掌心斜向上，眼视前方(如图7-2-52②)。

(2)向右转体，右拳经胸前向前翻转撇出，拳心向上，左手落于左胯旁，掌心向下，指尖向前，同时右脚收回后(不要停顿或脚尖点地)即向前迈出，脚尖外撇；眼视右拳(如图7-2-52③④)。

(3)身体重心移至右腿上，左腿向前迈出一步；左手上起经左侧向前上画弧拦出，掌心向前下方，同时右拳向右画弧收到右腰旁，拳心向上，眼视左手(如图7-2-52⑤⑥)。

(4)左腿前弓成左弓步，同时右拳向前打出，拳眼向上，高与胸平，左手附于右前臂里侧，眼视右拳（如图 7-2-52⑦）。

图 7-2-52①　　　　　图 7-2-52②　　　　　图 7-2-52③　　　　　图 7-2-52④

图 7-2-52⑤　　　　　图 7-2-52⑥　　　　　图 7-2-52⑦

动作要点：右拳不要推得太紧，回收时前臂要慢慢内旋画弧，然后再外旋停于右腰旁，拳心向上。向前打拳时，右胸随拳略向前引伸，沉肩垂肘，右臂要微屈；弓步时，两脚横向距离在 10 厘米左右。

教法提示：转身握掌，上步撇拳，上步拦掌，弓步冲拳。

22. 如封似闭

动作过程：

（1）左手由右腕下向前伸出，右拳变掌，两手手心逐渐翻转向上并慢慢分开回收，同时身体后坐，左脚尖翘起，身体重心移至右腿，眼视前方（如图 7-2-53①②）。

（2）两手在胸前翻掌，向下经腹前再向上、向前推出；腕部与肩平，手心向前，同时左腿前弓成左弓步，眼视前方（如图 7-2-53③④）。

图 7-2-53①　　　　　图 7-2-53②　　　　　图 7-2-53③　　　　　图 7-2-53④

动作要点：身体后坐时，避免后仰，臀部不可凸出。两臂随身体回收时，肩、肘部略向外松开，不要直着抽回，两手推出宽度不要超过两胸。

教法提示：后坐收掌，弓步推掌。

23. 十字手

动作过程：

(1)屈膝后坐，身体重心移向右腿，左脚尖里扣，向右转体；右手随着转体动作向右平摆画弧，与左手成两臂侧平举，掌心向前，肘部微屈，同时右脚尖随着转体稍向外撇，成右侧弓步，眼视右手(如图7-2-54①②③)。

(2)身体重心慢慢移至左腿，右脚尖里扣，随即向左收回，两脚距离与肩同宽，两腿逐渐蹬直，成开立步，同时两手向下经腹前向上画弧，交叉合抱于胸前，两臂撑圆，腕高与肩平，右手在外，成十字手，手心均向后，眼视前方(如图7-2-54④⑤⑥)。

图 7-2-54①　　　　　图 7-2-54②　　　　　图 7-2-54③

图 7-2-54④　　　　　图 7-2-54⑤　　　　　图 7-2-54⑥

动作要点：两手分开和合抱时，上体不要前俯。站起时，身体自然正直，头要微向上顶，下颌稍向后收；两臂环抱时须圆满舒适，沉肩垂肘。

教法提示：转身摆掌，收脚合抱。

24. 收势

动作过程：

(1)两手向外翻掌，手心向下，两臂慢慢下落，停于腹前，眼视前方(如图7-2-55①)。

(2)两腿缓缓蹬直，同时两掌慢慢下落至大腿侧，然后收左脚成并步直立，眼视前方

（如图 7-2-55②③）。

图 7-2-55①　　　　　　图 7-2-55②　　　　　　图 7-2-55③

动作要点：两手左右分开下落时，要注意全身放松，同时气息徐徐下沉（呼气略加长），呼吸平稳后，再走动。

教法提示：练习结束时，可做 3—5 次两手经侧、向上、向内、向下至腹前的拢气动作；干洗脸、干洗手，3—5 次。呼吸平稳后再离开练习地点。

第三节　形意拳

一、动作名称

预备势（三体式）；1. 劈拳；2. 钻拳；3. 崩拳；4. 炮拳；5. 横拳。

二、动作说明及图解

预备势（三体式）

（1）两脚并步站立，两手自然下垂贴于大腿外侧，头部端正，成立正姿势，目视前方（如图 7-3-1①）。

（2）左脚尖稍外展，身体随之左转 45°，两手不动，目视前方（如图 7-3-1②）。

（3）两手掌心向上，向体前上方缓慢托起，两手间距约比肩宽，待托至与肩同高时，两手屈翻掌，经胸前向下按至腹前变拳，拳心向下，同时两腿屈膝半蹲（如图 7-3-1③④）。

（4）上动不停，身体继续左转 45°，右脚向体前上一步，脚尖外展，屈膝前弓，左脚跟拔起，同时左拳不动，右拳臂外旋向上经胸前向体前钻出，拳心向上，高不过口，目视前方（如图 7-3-1⑤）。

（5）上动微停，左脚向前上一步，右脚稍跟进，两腿屈膝半蹲成三体步（重心偏右脚），同时，左拳臂外旋向上经右臂上方，拳心向上，向前伸至右拳上时，两臂迅速内旋翻转变掌；左掌向前劈出，右掌收按于腹前，拇指根部紧贴肚脐，两掌心向下，目视前方（如图7-3-1⑥）。

要点：三尖相对（鼻尖、左手指尖、左脚趾尖方向一致），形意相合。

图7-3-1①

图7-3-1②

图7-3-1③

图7-3-1④

图7-3-1⑤

图7-3-1⑥

1. 劈拳

从三体式开始。

（1）重心稍右移，右掌变拳不动，左掌向下抓握变拳并收于腹前，与右拳同时臂外旋向上经胸前向前钻出，左手在前，右手钻至左肘内侧，两拳心向上，同时，左脚向前上半步，脚尖外展，屈膝前弓成左弓步，目视前方（如图7-3-2①）。

动作示范

（2）上动微停，右脚向前上一步，左脚稍跟进，两腿屈膝半蹲成三体步，同时，右拳经左臂上方向前伸至左拳上时，两臂迅速内旋翻转变掌，右掌向前劈出，左掌收按于腹前，两掌心向下，目视前方（如图7-3-2②）。

（3）重心稍左移，左掌变拳不动，右掌向下抓握变拳并收于腹前，与左拳同时臂外旋向上经胸前向前钻出，右手在前，左手钻至右肘内侧，两拳心向上，同时，右脚向前上半步，脚尖外展，屈膝前弓成右弓步，目视前方（如图7-3-2③）。

（4）上动微停，左脚向前上一步，右脚稍跟进，两腿屈膝半蹲成三体步，同时，左拳经右臂上方向前伸至右拳上时，两臂迅速内旋翻转变掌，左掌向前劈出，右掌收按于腹前，两掌心向下，目视前方（如图7-3-2④）。

收势：

（1）右掌向前伸至左掌下，同时，两臂外旋使两掌心翻向上，左掌压于右掌上（如图7-3-2⑤）。

（2）上动不停，两手屈肘收回经胸前向下按至腹前，两掌心向下，同时，左脚收回于右脚内侧并步，两膝伸直站立（如图7-3-2⑥⑦）。

（3）两掌自然下垂收贴于大腿外侧，同时，身体右转还原成立正姿势，目视前方（如图7-3-2⑧）。

要点：上步时，前腿进，后腿跟；落步时，前腿顶，后腿沉；重心稍偏于后腿。劈掌时，松肩垂肘，肘微屈，气沉丹田，发力短促，前掌暗藏下沉劲，后掌含有撑按劲，两臂撑圆，手脚齐到，协调完整。可左右反复练习。

图7-3-2①　　　　　图7-3-2②　　　　　图7-3-2③　　　　　图7-3-2④

图7-3-2⑤　　　　　图7-3-2⑥　　　　　图7-3-2⑦　　　　　图7-3-2⑧

2. 钻拳

从三体式左劈拳开始。

（1）左脚向前上半步，脚尖外展，屈膝前弓成左弓步，同时，左掌心翻向上，右掌变拳，拳心向下（如图7-3-3①）。

动作示范

（2）上动微停，右脚向前上一步，左脚稍跟进，两腿屈膝半蹲成三体步，同时，左掌心翻向下抓握变拳向下带至腹前，右拳臂外旋向上经胸前从左臂上方向前钻出，高不过口，拳心向上，目视前方（如图7-3-3②）。

（3）右脚向前上半步，脚尖外展，屈膝前弓成右弓步，同时，右拳变掌，掌心向上，左拳不动（如图7-3-3③）。

（4）上动微停，左脚向前上一步，右脚稍跟进，两腿屈膝半蹲成三体步，同时，右掌心翻向下抓握变拳带至腹前，左拳臂外旋向上经胸前从右臂上方向前钻出，高不过口，拳心向上，目视前方（如图 7-3-3④）。

收势：

（1）两拳变掌，掌心向下，右掌伸至左掌下，同时，两臂外旋使两掌心翻向上，左掌压于右掌上（如图 7-3-3⑤）。

（2）上动不停，两手屈肘收回经胸前向下按至腹前，两掌心向下，同时，左脚收回于右脚内侧并步，两膝伸直站立（如图 7-3-3⑥⑦）。

（3）两掌自然下垂收贴于大腿外侧，同时，身体右转还原成立正姿势，目视前方（如图 7-3-3⑧）。

图 7-3-3①

图 7-3-3②

图 7-3-3③

图 7-3-3④

图 7-3-3⑤

图 7-3-3⑥

图 7-3-3⑦

图 7-3-3⑧

要点：拧腰钻拳肘微屈，发力带有螺旋劲并与抓握下带同时完成。可左右反复练习。

3. 崩拳

从三体式左劈拳开始。

动作示范

（1）两掌变拳，拳眼向上，左脚向前上一步，右脚迅速跟进半步，两脚间距离约 20 厘米，两腿屈膝半蹲，同时，右拳心向上，向前经左臂上方伸至左拳上时，小臂迅速内旋向前冲出，左拳随之收于腰间，两拳眼向上，目视前方（如图 7-3-4①）。

（2）两手不动，左脚向前上一步，右脚迅速跟进停于左脚内侧，脚尖点地（如图 7-3-4②）。

（3）上动微停，右脚向前上一步，左脚迅速跟进半步，两脚间距离约 20 厘米，两腿屈膝半蹲，同时，左拳心向上，向前经右臂上方伸至右拳上时，小臂迅速内旋向前冲出，右拳随之收于腰间，两拳眼向上，目视前方（如图 7-3-4③）。

(4)两手不动，右脚向前上一步，左脚迅速跟进停于右脚内侧，脚尖点地(如图 7-3-4④)。

(5)上动微停，左脚向前上一步，右脚迅速跟进半步，两脚间距离约 20 厘米，两腿屈膝半蹲，同时，右拳心向上，向前经左臂上方伸至左拳上时，小臂迅速内旋向前冲出，左拳随之收于腰间，两拳眼向上，目视前方(如图 7-3-4⑤)。

图 7-3-4①　　　　图 7-3-4②　　　　图 7-3-4③　　　　图 7-3-4④　　　　图 7-3-4⑤

收势：

(1)两拳变掌，掌心向下，左掌伸至右掌下，同时，两臂外旋使两掌心翻向上，右掌压于左掌上(如图 7-3-4⑥)。

(2)上动不停，两手屈肘收回经胸前向下按至腹前，两掌心向下，同时，左脚收回于右脚内侧并步，两膝伸直站立(如图 7-3-4⑦⑧)。

(3)两掌自然下垂收贴于大腿外侧，同时，身体右转还原成立正姿势，目视前方(如图 7-3-4⑨)。

图 7-3-4⑥　　　　图 7-3-4⑦　　　　图 7-3-4⑧　　　　图 7-3-4⑨

要点：进步时，后腿蹬，前腿进；落步时，前腿顶，后腿坐；合裆、合胯。拧腰崩拳时，要沉肩坠肘，肘微屈。上下一致，发力短促，并暗藏上挑劲。可左右反复练习。

4. 炮拳

从三体式劈拳开始。

(1)左脚向前上一步，右脚迅速跟进停于左脚内侧，脚尖点地，同时，右掌前伸至与左掌平齐、两掌心向下，与肩同高、同宽(如图 7-3-5①)。

动作示范

(2)上动不停，右脚向右斜前方上一步，左脚迅速跟进停于右脚内侧，脚尖点地，同时，身体右转，两掌向下抓握变拳收至腹前，拳心向下(如图 7-3-5②)。

（3）上动不停，左脚向左斜前方上一步，右脚稍跟进，两腿屈膝半蹲成三体步，同时，身体左转，两臂外旋向上钻至胸前，左拳继续上钻至头高，小臂内旋向左格架于左额头前，拳心向外；右拳随转体动作迅速向左斜前方冲出，拳眼向上，目视左斜前方（如图 7-3-5③）。

（4）左脚向左斜前方上一步，右脚迅速跟进停于左脚内侧，脚尖点地，同时，两拳变掌向下抓握再变拳收回至腹前，拳心向下（如图 7-3-5④）。

（5）上动不停，右脚向右斜前方上一步，左脚稍跟进，两腿屈膝半蹲成三体步，同时，身体右转，两臂外旋向上钻至胸前，右拳继续上钻至头高，小臂内旋向右格架于右额头前，拳心向外；左拳随转体动作迅速向右斜前方冲出，拳眼向上，目视右斜前方（如图 7-3-5⑤）。

（6）右脚向右斜前方上一步，左脚迅速跟进停于右脚内侧，脚尖点地，同时，两拳变掌向下抓握再变拳收回至腹前，拳心向下（如图 7-3-5⑥）。

（7）上动不停，左脚向左斜前方上一步，右脚稍跟进，两腿屈膝半蹲成三体步；同时，身体左转，两臂外旋向上钻至胸前，左拳继续上钻至头高，小臂内旋向左格架于左额头前，拳心向外；右拳随转体动作迅速向左斜前方冲出，拳眼向上，目视左斜前方（如图 7-3-5⑦）。

收势：

（1）两拳变掌，掌心向下，左掌伸至右掌下，同时，两臂外旋使两掌心翻向上，右掌压于左掌上（如图 7-3-5⑧）。

（2）上动不停，两手屈肘收回经胸前向下按至腹前，两掌心向下，同时，左脚收回于右脚内侧并步，两膝伸直站立（如图 7-3-5⑨⑩）。

（3）两掌自然下垂收贴于大腿外侧，同时，身体右转还原成立正姿势，目视前方（如图 7-3-5⑪）。

图 7-3-5①

图 7-3-5②

图 7-3-5③

图 7-3-5④

图 7-3-5⑤

图 7-3-5⑥

图 7-3-5⑦

图 7-3-5⑧　　　　　图 7-3-5⑨　　　　　图 7-3-5⑩　　　　　图 7-3-5⑪

要点：起钻落翻，肘微屈，拧腰发力，上下一致。可左右反复练习。

5. 横拳

从三体式左劈拳开始。

动作示范

（1）左脚收于右脚内侧，脚尖点地，右掌变拳不动，拳心向下，同时，左掌向下抓握变拳收至腹前，小臂外旋向上经左胸向左前方钻出，拳心向上，高不过口，目视左拳（如图 7-3-6①）。

（2）上动微停，左脚向左斜前方上一步，右脚稍跟进，两腿屈膝半蹲成三体步，同时身体左转，右臂外旋经左臂下方向左斜前方钻出，随即横向右至正前方，拳心向上，左臂内旋收于腹前，拳心向下，目视右拳（如图 7-3-6②）。

（3）两手不动，左脚向左斜前方上一步，右脚迅速跟进停于左脚内侧，脚尖点地（如图 7-3-6③）。

（4）上动微停，右脚向右斜前方上一步，左脚稍跟进，两腿屈膝半蹲成三体步，同时身体右转，左臂外旋经右臂下方向右斜前方钻出，随即横向左至正前方，拳心向上，右臂内旋收于腹前，拳心向下，目视左拳（如图 7-3-6④）。

收势：

（1）两拳变掌，掌心向下，左掌伸至右掌下，同时，两臂外旋使两掌心翻向上，右掌压于左掌上（如图 7-3-6⑤⑥）。

（2）上动不停，两手屈肘收回经胸前向下按至腹前，两掌心向下，同时，左脚收回于右脚内侧并步，两膝伸直站立（如图 7-3-6⑦⑧）。

（3）两掌自然下垂收贴于大腿外侧，同时，身体右转还原成立正姿势，目视前方（如图 7-3-6⑨）。

图 7-3-6①　　　　图 7-3-6②　　　　图 7-3-6③　　　　图 7-3-6④　　　　图 7-3-6⑤

图 7-3-6⑥   图 7-3-6⑦   图 7-3-6⑧   图 7-3-6⑨

要点：转腰、旋臂同时做，上步横拳要上下一致。发力时带有向前与向横的力，可左右反复练习。

第四节　剑术

现代武术运动将剑的各种套路运动泛称为"剑术"。剑是一种平直、细长、带尖、两面有刃的短兵械，由矛头和匕首演进而成。随着历史的发展，剑的形制也逐步发生着变化。

一、剑的部位名称

一把完整的剑由剑柄和剑身两部分组成。剑柄包括剑格（护手）、剑茎、剑首，再配以剑穗；剑身包括剑尖、剑锋、剑末、剑脊、剑刃（锷）（如图 7-4-1）。此外，还配有剑鞘等附属物。

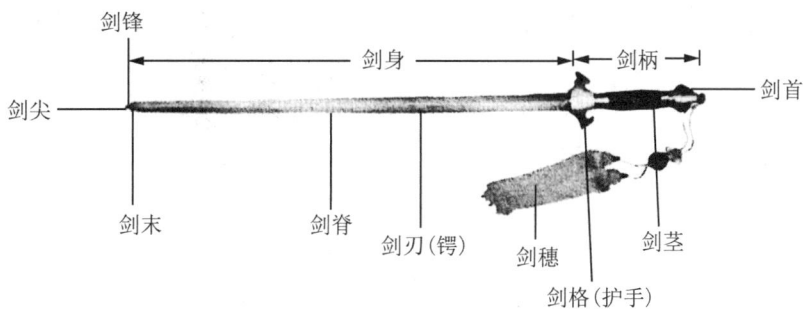

图 7-4-1

二、剑的规格标准

现代武术运动中的剑基本承袭旧制，但剑身变薄，且不开锋刃。竞技武术套路比赛按年龄、性别要求使用不同型号、尺寸、重量的剑，学校教学用剑可以放宽限制。

（一）长度

以直臂反手持剑的姿势为准，剑尖不得低于本人的耳上端。

（二）重量

包括剑穗，成年组男子不得轻于 0.6 千克，成年组女子不得轻于 0.5 千克，少年组、儿童组不受限制。

（三）硬度

剑垂直倒置，剑尖触地，以剑身不能有弯曲为宜。

三、剑的基本握法、剑指和持剑礼节

（一）持剑

臂内旋成手心向后贴紧剑锋，食指伸直扶于剑柄，拇指和其余手指分别扣握剑格两侧，剑脊贴近前臂后侧（如图 7-4-2）。

（二）握剑

虎口靠近剑格，拇指与其余手指相对握拢剑柄（如图 7-4-3）。剑刃朝向上下为立握剑（可仰俯握），剑刃朝向左右为平握剑（可仰俯握）。握剑还有螺把、钳把、刀把等。根据攻防方法，握剑要腕松指活，变换灵活，时紧时松，时握时放，有竖有垂，得心应手，顺其自然。

（三）剑指

中指和食指伸直并拢，其余三指屈于手心，拇指压在无名指第一指节上（如图 7-4-4）。

图 7-4-2

图 7-4-3

图 7-4-4

（四）持剑礼节

并步站立，左手持剑，屈臂抬起，使剑身贴前臂外侧斜横于胸前；右手成掌，以掌外沿附于左手食指根节，高与胸齐，两手与胸距离为20～30厘米（如图7-4-5）。

图 7-4-5

四、单练套路

动作示范

（一）动作名称

预备势：并步直立

第一小节

1. 起势	2. 拗弓步刺剑	3. 弓步挂劈剑
4. 插步反撩剑	5. 弧形步带剑	6. 转身云剑截腕
7. 望月斩剑	8. 歇步劈剑	9. 并步劈剑

第二小节

10. 并步刺剑	11. 弓步挑剑	12. 歇步劈剑
13. 左右截腕	14. 上步撩剑	15. 插步反撩剑
16. 云交剑	17. 并步持剑	18. 收势

（二）动作图解

预备势：并步直立，左手持剑（如图7-4-6①②）。

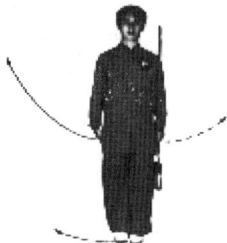 

图 7-4-6①   图 7-4-6②

1. 起势

(1)右脚向右开步，右手剑指向上托起，同时左手屈肘持剑向体侧展开。目视右手剑指（如图 7-4-7①）。

(2)右脚直立支撑，左脚向前点步，成左高虚步点地，目视左侧（如图 7-4-7②）。

动作要点：上下肢动作协调一致，与摆头动作同时到位。

2. 拗弓步刺剑

左脚往左侧横跨一步，成马步，右手剑指变掌，顺时针旋掌心向上，指尖向左，托于剑柄，左手持剑收于腹前，手心向下，剑尖朝左；右脚蹬转成左弓步，右手接剑顺势握剑前刺，左手展开成后斜上举，目视剑尖（如图 7-4-8①②）。

动作要点：上步与刺剑动作协调，力达剑尖。

图 7-4-7①

图 7-4-7②

图 7-4-8①

图 7-4-8②

3. 弓步挂劈剑

(1)身体左转，提右腿；右臂内旋由前向下、向左挂剑，力达剑端，左手剑指附于右臂内侧，目视左前方（如图 7-4-9①②）。

(2)右脚向右落步成右弓步，右手持剑向右前抡劈，力达剑身，左手剑指架于头部上方，目视右前方（如图 7-4-9③）。

动作要点：挂剑剑首画圆，劈剑力达剑身。

图 7-4-9①正面

图 7-4-9②背面

图 7-4-9③

4. 插步反撩剑

(1)身体左转，右手握剑由上向下撩击，左手剑指背于身后，目视前方（如图 7-4-10①）。

(2)左脚向右后方横向插步，右手握剑由下向右后上方撩出，力达剑端，左手剑指架于头部左上方，目视剑尖方向（如图 7-4-10②）。

动作要点：插步与撩剑动作协调，力达剑端。

图 7-4-10①　　　　　　　　　图 7-4-10②

5. 弧形步带剑

（1）身体左转，左脚向左前方转步，两腿微屈；右手持剑外旋，手心向上，目视前方（如图 7-4-11①）。

（2）身体左转，右脚向左前方扣步，两腿微屈，目视前方（如图 7-4-11②）。

（3）身体左转，左脚向左前方摆步，两腿微屈，目视前方（如图 7-4-11③）。

（4）身体左转，右脚向左前方扣步，两腿微屈，目视前方（如图 7-4-11④）。

（5）身体左转，左脚向左前方上步，两腿微屈，目视前方（如图 7-4-11⑤）。

图 7-4-11①　　　　　　　图 7-4-11②　　　　　　　图 7-4-11③

图 7-4-11④　　　　　　　　　图 7-4-11⑤

动作要点：动作连贯完成，重心移动要平稳，眼随剑走。

6. 转身云剑截腕

（1）右脚向左脚并步，右手握剑举于头部上方，左手剑指收至右腋前，眼随剑走（如图 7-4-12①）。

（2）右手持剑作云剑，目视剑身（如图 7-4-12②）。

（3）身体左转，右脚退步成左弓步；右手握剑作截剑，力达剑端，左臂向后伸展，目视剑尖方向（如图 7-4-12③）。

动作要点：云剑时要仰头，剑不要举得太高，手腕要松活。

图 7-4-12①　　　　　图 7-4-12②　　　　　图 7-4-12③

7. 望月斩剑

（1）右脚并左脚，右手握剑收于体前，左手剑指背于身后，眼随剑走（如图 7-4-13①）。

（2）左腿屈膝后撩，右手握剑向右侧横击，力达剑端，左手剑指直臂后摆，目视剑尖方向（如图 7-4-13②）。

动作要点：平斩时挺胸，塌腰，左腿后撩。

8. 歇步劈剑

（1）左脚向左前方跳步，右手握剑上举，眼随剑走（如图 7-4-14①）。

（2）左右脚依次下落成左歇步，右手握剑下劈，左手剑指附于右臂外侧，目视左前方（如图 7-4-14②）。

动作要点：跳步轻盈、歇步要稳，力达剑身。

图 7-4-13①　　　　　图 7-4-13②　　　　　图 7-4-14①　　　　　图 7-4-14②

9. 并步劈剑

（1）起身右转 180°，右脚向右前方上步成半马步；右手握剑架于头部上方，左手剑指置于体前（如图 7-4-15①②）。

（2）身体右转，左脚向右脚并步；右手握剑直臂下劈，力达剑端，左手剑指架于头部上方，目视剑尖方向（如图 7-4-15③）。

动作要点：动作协调，劈剑并步同时。

图 7-4-15①背面

图 7-4-15②正面

图 7-4-15③

10. 并步刺剑

(1)左手剑指下落至右臂内侧。

(2)左脚向左侧上步，身体左转；右手握剑收于右腰间，左手剑指前伸，目视前方（如图 7-4-16①）。

(3)右脚并左脚，两腿半蹲；右手握剑经腰间向前方刺出，力达剑尖，左手剑指附右臂内侧，目视剑尖方向（如图 7-4-16②）。

动作要点：转身与刺剑动作协调，剑由腰间刺出力达剑尖。

11. 弓步挑剑

右脚上步成右弓步，右手握剑上挑，力达剑锋，左手剑指前伸，目视前方（如图 7-4-17）。

动作要点：左手要平，上挑之剑垂直于地面。

图 7-4-16①

图 7-4-16②

图 7-4-17

12. 歇步劈剑

(1)左脚上步，左手直臂后摆，目视前方（如图 7-4-18①）。

(2)两腿下蹲成左歇步，右手握剑向前下方劈击，力达剑身，左手剑指附于右臂内侧，目视剑尖方向（如图 7-4-18②）。

动作要点：歇步坐稳，劈剑时以大臂发力向下抡劈。

13. 左右截腕

(1)重心上移，左脚向左侧上步；右臂外旋，右手握剑下压，左手剑指架于体侧，目视剑尖方向（如图 7-4-19①）。

图 7-4-18①

图 7-4-18②

图 7-4-19①

（2）右脚上步成高虚步，右手握剑向左前上方截击，目视前方（如图 7-4-19②）。

（3）右脚向右前方上步，右手握剑向下带剑，落于体前（如图 7-4-19③）。

（4）左脚上步成高虚步，右手握剑向右前上方截击，左手剑指附于右臂内侧，目视前方（如图 7-4-19④）。

动作要点：截腕时要以腰带剑，眼随剑走。

图 7-4-19②

图 7-4-19③

图 7-4-19④

14．上步撩剑

（1）左脚进步，右手握剑体侧后摆，左手剑指前伸，目视前方（如图 7-4-20①）。

（2）身体左转，右脚并左脚；右手握剑经体侧立圆向右前上方撩出，力达剑端，左臂向后划立圆侧举，目视剑身（如图 7-4-20②）。

动作要点：身剑协调，力达剑端。

图 7-4-20①

图 7-4-20②

15. 插步反撩剑

(1)右脚向右侧左转；右手握剑体前撩剑，力达剑端，左手剑指位于身后，目视剑身（如图 7-4-21①）。

(2)左脚向右脚斜后方横向插步，右手握剑向右后上方反撩，力达剑端，左手剑指架于体侧上方，目视剑尖方向（如图 7-4-21②）。

动作要点：插步站稳，剑法清晰。

图 7-4-21①　　　　　　图 7-4-21②

16. 云交剑

(1)起身左转，右手握剑在头上方做云剑，力达剑身，左手剑指附于右臂内侧（如图 7-4-22①）。

(2)身体左转，右脚上步；左手接剑，目视前方（如图 7-4-22②）。

动作要点：转身与云剑动作协调。

17. 并步持剑

(1)重心右移，左臂持剑内旋架于身体左侧，右手剑指经体前向下、向右画弧至身体右侧，目视剑指方向（如图 7-4-23①）。

(2)右手剑指内旋下落，左脚并右脚成并步持剑（如图 7-4-23②）。

动作要点：并步、按指、转头，动作一致。

18. 收势

并步直立（如图 7-4-24）。

动作要点：并步站稳，剑背直。

图 7-4-22①　　图 7-4-22②　　　　图 7-4-23①　　　　图 7-4-23②　　　图 7-4-24

五、对打套路

（一）动作名称

预备势：并步直立

顺序	甲	乙
第一小节		
1	起势	起势
2	拗弓步刺剑	拗弓步刺剑
3	弓步挂劈剑	弓步挂劈剑
4	插步反撩剑	插步反撩剑
5	弧形步带剑	弧形步带剑
6	转身云剑截腕	转身云剑截腕
7	望月斩剑	望月斩剑
8	歇步劈剑	歇步劈剑
9	并步劈剑	并步劈剑
第二小节		
10	并步刺剑	并步刺剑
11	弓步挑剑	弓步挑剑
12	歇步劈剑	歇步劈剑
13	右左截腕	右左截腕
14	上步撩剑	上步撩剑
15	插步反撩剑	插步反撩剑
16	云交剑	云交剑
17	并步持剑	并步持剑
18	收势	收势

（二）动作图解

剑术对练的动作要点：个人动作要点同单练，对练重点是每一动，两人之间距离的把控、节奏的配合、眼神的交流。）

预备势：甲乙持剑并步直立，甲乙同时向外侧横跨一步成持剑直立，乙向后转（如图 7-4-25①②③④）。

图 7-4-25①

图 7-4-25②

图 7-4-25③

图 7-4-25④

1. 甲乙起势

(1)甲乙右脚向右后方撤步，左臂内旋屈肘持剑，右手剑指直臂上摆(如图 7-4-26①)。

(2)甲乙左脚上步成高虚步站立，左臂屈肘反持剑，右手剑指向下画弧按至左腕，目视对方(如图 7-4-26②)。

图 7-4-26①

图 7-4-26②

2. 甲乙拗弓步刺剑

(1)甲乙左脚向左前方上步，右手接剑收于右腰间，目视持剑手(如图 7-4-27①)。

(2)甲乙右腿蹬直成左弓步，右手握剑经右腰立剑向对方刺击，剑尖高与胸平，左手剑指直臂向后伸展，目视对方(如图 7-4-27②)。

3. 甲乙弓步挂劈剑

(1)甲乙身体左转，提右膝，右臂内旋由前向下、向后挂剑，力达剑端，左手剑指附于右臂内侧(如图 7-4-28①)。

(2)甲乙右脚上步成右弓步，右手握剑向对方劈击，力达剑端，左手剑指直臂向后架于头部上方，目视对方(如图 7-4-28②)。

图 7-4-27①

图 7-4-27②

图 7-4-28①　　　　　　　　　　　　图 7-4-28②

4. 甲乙插步反撩剑

（1）甲乙身体左转，重心左移；右手握剑向上撩剑，左手剑指背于身后，目视前方（如图 7-4-29①）。

（2）甲乙左脚向右脚后横向插步，右手握剑由下向对方撩击，力达剑端，左手架于体侧上方，目视剑的方向（如图 7-4-29②）。

图 7-4-29①　　　　　　　　　　　　图 7-4-29②

5. 甲乙弧形步带剑

甲乙身体左转，两腿略屈，左、右脚依次沿逆时针弧形摆步、扣步，共上 5 步；右手握剑外旋，左手剑指架于体侧上方，目视剑身方向（如图 7-4-30①②③④⑤）。

图 7-4-30①　　　　　　　　　　　　图 7-4-30②

图 7-4-30③　　　　　　图 7-4-30④　　　　　　图 7-4-30⑤

6. 甲乙转身云剑截腕

(1)甲乙右脚并左脚，右手于头部上方云剑，左手剑指附于右腋下，目视剑身（如图 7-4-31①）。

(2)甲方身体左转，左脚向左跨步成左弓步，右手握剑截击乙方右腕；乙方右脚向右跨步成右弓步，右手握剑截击甲方头部，左臂向后伸展，目视剑尖方向（如图 7-4-31②）。

动作要点：云剑时要仰头，截腕时前臂和手腕发力。

7. 甲乙望月斩剑

(1)甲乙右脚并左脚，右手摄剑收于胸前，左手剑指背于身后（如图 7-4-32①）。

(2)甲乙左脚屈膝后斜，右手抱剑向右平斩，力达剑身，左手剑指直臂后摆，目视对方（如图 7-4-32②）。

动作要点：挺胸、提腰、后腿上提，上身微前俯。

图 7-4-31①

图 7-4-31②

图 7-4-32①

图 7-4-32②

8. 甲乙歇步劈剑

甲乙跳起，随即歇步下劈剑（如图 7-4-33①②）。

图 7-4-33①

图 7-4-33②

9. 甲乙并步劈剑

（1）甲乙身体右转180°，右脚向右上步成半马步，右手握剑架于头部上方，目视对方（如图7-4-34①）。

（2）甲乙左脚并右脚，右手握剑于体侧下劈，剑高与肩平，左手剑指直臂架于头上，目视剑尖方向（如图7-4-34②）。

10. 甲乙并步刺剑

（1）甲乙右脚向右跨步，右手握剑收于右腰间，左手剑指下落于体前划立圆前摆，目视对方（如图7-4-35①②）。

图 7-4-34①

图 7-4-34②

图 7-4-35①

图 7-4-35②

（2）甲乙右脚并左脚，屈膝半蹲；右手握剑经右腰间向对方刺出，剑高与肩平，力达剑尖，左手剑指附于右臂内侧，目视对方（如图7-4-35③）。

11. 甲乙弓步挑剑

甲乙右脚上步成右马步，右手握剑上挑，力达剑锋，左手剑指前指，目视对方（如图7-4-36）。

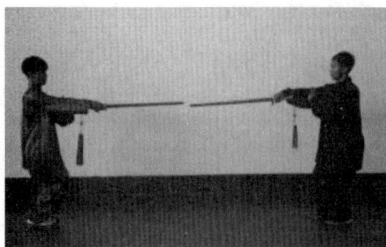
图 7-4-35③

图 7-4-36

12. 甲乙歇步劈剑

(1)甲乙左脚上步，左手剑指直臂落于身体左侧（如图7-4-37①）。

(2)甲乙屈膝下蹲成左歇步，右手握剑劈向对方，左手剑指附于右臂内侧，目视剑身（如图7-4-37②）。

动作要点：歇步要稳，劈剑力达剑身。

图 7-4-37①

图 7-4-37②

13. 甲乙右左截腕

(1)甲乙重心上移。乙方右脚向右侧上步，右手内旋，下压甲方剑，左手剑指架于左上方。甲方左脚向左侧上步，右手握剑外旋随势落剑，左手剑指架于左上方。甲乙眼随剑走（如图7-4-38①）。

(2)乙方左脚向右前方上步成高虚步，右手握剑截击甲方手腕，左手剑指附于右臂内侧。甲方右脚向左前方上步成高虚步，右手握剑随势上撩，左手剑指直臂上举。甲乙眼随剑走（如图7-4-38②）。

(3)甲方右脚撤步，右手握剑内旋，下压乙方剑。乙方左脚撤步，右手握剑外旋随势下落于体前。甲乙眼随剑走（如图7-4-38③）。

(4)甲方左脚上步成高虚步，右手握剑内旋，截击乙方手腕，左手剑指附于右臂内侧。乙方右脚上步成高虚步，右手握剑随势上撩。甲乙眼随剑走（如图7-4-38④）。

图 7-4-38①

图 7-4-38②

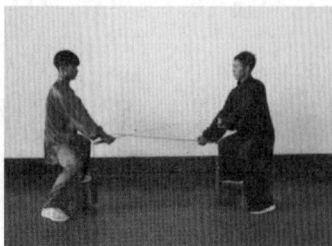

图 7-4-38③

图 7-4-38④

14. 甲乙上步撩剑

(1)甲乙左脚上步,右手握剑,经体侧后撩,左手剑指前指,目视对方(如图 7-4-39①)。

(2)甲乙右脚上步于左脚内侧,身体左转;右手握剑由下向上撩击,力达剑端,左手剑指经头上画弧落于体侧。甲乙眼随剑走(如图 7-4-39②③)。

图 7-4-39①

图 7-4-39②

图 7-4-39③

15. 甲乙插步反撩剑

甲乙身体左转,右脚撤步,左脚向右后方横向插步;右手握剑经脸前向右后上方反撩,左手剑指架于左侧上方,目视剑尖方向(如图 7-4-40①②)。

图 7-4-40①

图 7-4-40②

16. 甲乙云交剑

(1)甲乙身体左转,右手握剑在头顶上方做云剑,力达剑端(如图 7-4-41①)。

(2)甲乙身体左转,右脚上步,左手接剑(如图 7-4-41②)。

图 7-4-41①

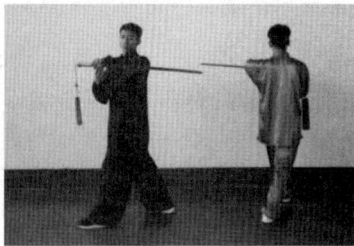
图 7-4-41②

17. 甲乙并步持剑

(1)甲乙身体左转，左手持剑下落，右手剑指直臂上摆，目视右手剑指方向(如图 7-4-42①)。

(2)甲乙左脚并右脚，身体转正；两手落于两腿外侧，目视正前方(如图 7-4-42②③)。

18. 甲乙收势

乙向后转，上前一步与甲并列，成立正姿势站立(如图 7-4-43①)。

图 7-4-42①

图 7-4-42②

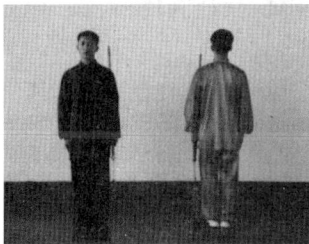
图 7-4-42③

图 7-4-43①

第五节　功夫扇

　　功夫扇也被称为太极功夫扇、太极扇，因动作的特点不同而采用不同的叫法，但核心都在扇子。中国扇文化历史悠久，最早的扇是单柄，呈圆形或椭圆形，称为团扇。宋代开始出现折叠扇。随着历史的发展、文化的进步，扇子的功能不断扩大，以至于出现东方文明中特有的文化现象——扇文化。

功夫扇初创于民间，后经加工提炼而成熟定型。1998 年北京体育大学杨丽教授公开传授杨式太极扇，1999 年中国青少年音像出版社出版了《杨式太极扇》VCD 光盘，2000 年李德印推出《太极功夫扇》并配以《中国功夫》音乐，2002 年马春喜创编陈式太极扇。随后，王二平的《二十四式陈式太极扇》、曾乃梁的《华武扇》都为功夫扇注入了新的内容和形式。

一、功夫扇的结构及规格

扇子从结构上来看主要由扇柄、扇面、扇骨、扇沿组成（如图 7-5-1）。

扇柄：扇外侧最粗的部分是扇柄，扇柄有穿钉的一端称扇根，扇柄上部称扇首，扇柄中间部分称扇身。

扇面：指扇的叶面。

扇骨：指支撑扇面的细枝。

扇沿：指扇面上端的弧形边沿。

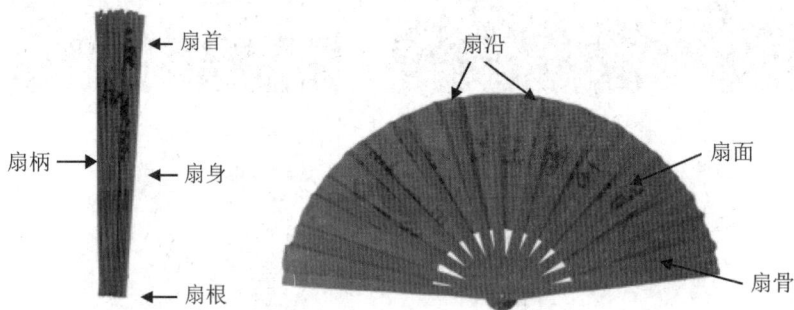

图 7-5-1

目前使用的功夫扇主要有两种规格：一种是小扇子，长约 35 厘米；另一种是大扇子，长约 40 厘米。扇面有纸的和绸缎的，扇骨主要是竹子的和塑料的。使用较广的是塑料扇骨配绸缎扇面的扇子，练习者往往根据自身情况进行选择。

二、功夫扇的基本扇法

（一）扇的基本握法

1. 合扇正握扇：拇指和食指扣紧扇根部位，其余三指自然屈握，扇首向上（如图 7-5-2）。

2. 合扇倒握扇：拇指和食指紧握扇首部位，其余三指自然屈握，扇根向上（如图 7-5-3）。

3. 合扇提握扇：手满把握住扇根一侧，虎口朝斜下方（如图 7-5-4）。

4. 立开扇螺旋正握法：手握扇根，拇指一侧扣紧扇根，其余四指螺旋屈握扇根另一侧（如图 7-5-5）。

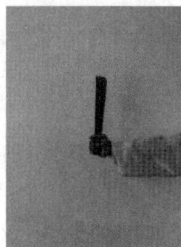 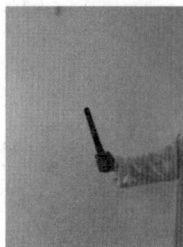 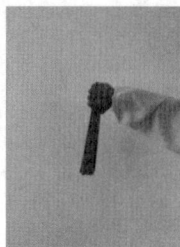 

图 7-5-2　　　　　图 7-5-3　　　　　图 7-5-4　　　　　图 7-5-5

5. 平开扇螺旋握法：右手握扇，在体前由右向左突然抖腕开扇，力达扇沿，平开扇将扇端平，手握扇根，拇指一侧扣紧扇根，其余四指螺旋屈握扇根另一侧（如图 7-5-6）。

6. 上举开扇螺旋握法：头上方开扇，手臂伸直，开扇时扇沿朝前，手握扇根，四指屈握扇根，拇指一侧扣紧扇根朝后（如图 7-5-7）。

7. 托扇：胸前开扇，右手握扇根，端握于腹前，手心朝上，左手捧于右手下方（如图 7-5-8）。

8. 抛接扇法：分为合扇抛接法与开扇抛接法。

（1）合扇抛接法：手握扇首将扇抛起，在空中调换方向，落下时右手接握扇根（如图 7-5-9）。

（2）开扇抛接法：开扇后利用右手的外旋之力将扇抛起在空中旋转一圈，落下时右手手心向上接住扇，并保持扇的打开状态（如图 7-5-10）。

图 7-5-6　　　　图 7-5-7　　　　图 7-5-8　　　　图 7-5-9　　　　图 7-5-10

（二）功夫扇的基本技击扇法

技击扇法即扇子的用法，分为合扇与开扇，包括击扇、刺扇、崩扇、撩扇、劈扇、挂扇、点扇、扫扇、戳扇、抛接扇等。以下介绍最常用的几种。

1. 弓步刺扇：手握扇根，上步呈弓步从腰间把扇刺出，力达扇首（如图 7-5-11）。

2. 弓步劈扇：手握扇根，上步呈弓步，右手从上往下劈出（如图7-5-12）。

3. 马步开扇：两腿呈马步，右手侧平举，在肩的高度向上抖腕开扇（如图7-5-13）。

4. 提膝开扇：提膝时右手从下往上把扇开于肩的高度，扇沿朝上（如图7-5-14）。

图 7-5-11　　　　　图 7-5-12　　　　　图 7-5-13　　　　　图 7-5-14

5. 歇步开扇：下蹲成歇步，右手从身后头顶抡臂开扇，扇沿朝前（如图7-5-15）。

6. 虚步开扇：左虚步，右手持扇从右侧向上抡臂，把扇开于头顶，扇沿朝左（如图7-5-16）。

7. 弓步推扇：上步呈弓步，右手持扇，双手向前推出（如图7-5-17）。

图 7-5-15　　　　　图 7-5-16　　　　　图 7-5-17

动作示范

三、功夫扇套路（第一套）

功夫扇套路（第一套）共分六段，共计五十二个动作。第一段与第六段动作舒缓，糅合了太极拳的动作风格；第二段至第五段动作铿锵有力，糅合了长拳的动作风格，其中第四段重复第二段的动作。全套动作配以《中国功夫》音乐，音乐时长 4′04″，宋小明作词，伍嘉翼作曲，屠洪刚演唱。

（一）动作名称

预备势

第一段：开步抱扇（起势）、侧弓步举扇（斜飞势）、虚步亮扇（白鹤亮翅）、进步刺扇（黄蜂入洞）、转身下刺扇（哪吒探海）、独立撩扇（金鸡独立）、翻身劈扇（力劈华山）、转身抡压扇(灵猫捕蝶)、马步亮扇(坐马观花)。

第二段：弓步削扇(野马分鬃)、并步亮扇(雏燕凌空)、进步刺扇(黄蜂入洞)、震脚推扇(猛虎捕食)、戳脚撩扇(螳螂捕蝉)、盖步按扇(勒马回头)、翻身藏扇(鹞子翻身)、马步亮扇(坐马观花)。

第三段：马步推扇(举鼎推山)、转身刺扇(神龙回首)、叉步反撩扇(挥鞭策马)、点步挑扇(立马扬鞭)、歇步抱扇(怀中抱月)、并步贯扇(迎风撩衣)、云手劈扇(翻花舞袖)、歇步亮扇(霸王扬旗)、开步抱扇(抱扇过门)。

第四段：弓步削扇(野马分鬃)、并步亮扇(雏燕凌空)、进步刺扇(黄蜂入洞)、震脚推扇(猛虎捕食)、戳脚撩扇(螳螂捕蝉)、盖步按扇(勒马回头)、翻身藏扇(鹞子翻身)、马步亮扇(坐马观花)。

第五段：马步顶扇(顺鸾肘)、马步抖扇(裹鞭炮)、虚步拨扇(前招势)、震脚拍扇(双震脚)、蹬脚推扇(龙虎相交)、望月亮扇(玉女穿梭)、云扇合抱(天女散花)、歇步亮扇(霸王扬旗)、托扇行步(行步过门)。

第六段：虚步捧扇(七星手)、弓步捧扇(揽扎衣)、后将前挤扇(将挤势)、并步背扇(苏秦背剑)、弓步戳扇(搂膝拗步)、仆步穿扇(单鞭下势)、弓步架扇(挽弓射虎)、虚步亮扇(白鹤亮翅)、抱扇还原(收势)。

(二)动作图解

第一段

预备势

1. 开步抱扇(起势)：左脚开步抱扇(如图7-5-18)。

2. 侧弓步举扇(斜飞势)：分手画弧提脚抱手，重心右移成侧弓步，右手向上举扇，左手向下按掌(如图7-5-19①②)。

3. 虚步亮扇(白鹤亮翅)：向左转腰，向右转腰分掌，虚步亮扇(如图7-5-20①②③)。

图 7-5-18   图 7-5-19①   图 7-5-19②

图 7-5-20① 　　　　　 图 7-5-20② 　　　　　 图 7-5-20③

4. 进步刺扇(黄蜂入洞)：抖腕合扇，摆扇收扇提脚，转身上步，弓步向前平刺(如图 7-5-21①②③)。

5. 转身下刺扇(哪吒探海)：后坐收扇，扣脚转身，弓步下刺扇(如图 7-5-22①②③)。

6. 独立撩扇(金鸡独立)：收脚绕扇，上步分手绕扇，独立撩开扇(如图 7-5-23①②③)。

图 7-5-21① 　　　　　 图 7-5-21② 　　　　　 图 7-5-21③

图 7-5-22① 　　　　　 图 7-5-22② 　　　　　 图 7-5-22③

图 7-5-23① 　　　　　 图 7-5-23② 　　　　　 图 7-5-23③

7. 翻身劈扇（力劈华山）：落脚合扇，盖步转身按扇，转身绕扇，弓步前劈扇（如图 7-5-24①②③④⑤）。

图 7-5-24①　　　图 7-5-24②　　　图 7-5-24③　　　图 7-5-24④　　　图 7-5-24⑤

8. 转身抢压扇（灵猫捕蝶）：转身摆掌，上步翻身抢扇，退步弓步压扇，翻手反压扇（如图 7-5-25①②③④）。

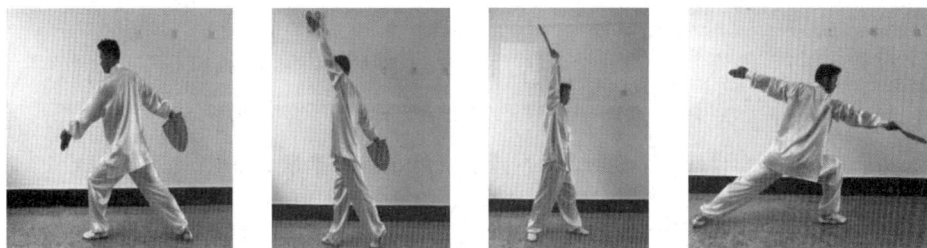

图 7-5-25①　　　　图 7-5-25②　　　　图 7-5-25③　　　　图 7-5-25④

9. 马步亮扇（坐马观花）：虚步合扇，退步抢扇，反身刺扇，马步亮扇（如图 7-5-26①②③④⑤）。

图 7-5-26①　　　　　　图 7-5-26②　　　　　　图 7-5-26③

图 7-5-26④　　　　　　　图 7-5-26⑤

第二段

1. 弓步削扇（野马分鬃）：转腰合手合扇，弓步削扇（如图 7-5-27①②）。

2. 并步亮扇（雏燕凌空）：舞脚穿掌，并步亮扇（如图 7-5-28①②）。

图 7-5-27①　　　　　　图 7-5-27②　　　　　　图 7-5-28①　　　　　图 7-5-28②

3. 进步刺扇（黄蜂入洞）：收扇上步，弓步直刺（如图 7-5-29①②）。

4. 震脚推扇（猛虎捕食）：收扇震脚，弓步推扇（如图 7-5-30①②）。

5. 戳脚撩扇（螳螂捕蝉）：转腰绕扇，分手绕扇，搓脚撩扇（如图 7-5-31①②）。

图 7-5-29①　　　　　　图 7-5-29②　　　　　　图 7-5-30①

图 7-5-30②　　　　　　图 7-5-31①　　　　　　图 7-5-31②

6. 盖步按扇（勒马回头）：合扇转身，盖步按扇（如图 7-5-32①②）。

7. 翻身藏扇（鹞子翻身）：翻身绕扇，腕花绕扇，退步藏扇（如图 7-5-33①②）。

8. 马步亮扇（坐马观花）：抡臂举扇，反身穿刺，马步亮扇（如图 7-5-34①②③）。

图 7-5-32①　　　　图 7-5-32②　　　　　图 7-5-33①　　　　图 7-5-33②

图 7-5-34①　　　　　　图 7-5-34②　　　　　　图 7-5-34③

第三段

1. 马步推扇（举鼎推山）：转腰收扇收脚，马步推扇（如图 7-5-35①②）。

2. 转身刺扇（神龙回首）：转身收扇，弓步平刺（如图 7-5-36①②）。

图 7-5-35①　　　　图 7-5-35②　　　　图 7-5-36①　　　　图 7-5-36②

3. 叉步反撩扇（挥鞭策马）：撤脚收扇，上步绕扇，叉步反撩扇（如图 7-5-37①②③④）。

图 7-5-37①　　　　图 7-5-37②　　　　图 7-5-37③　　　　图 7-5-37④

4. 点步挑扇（立马扬鞭）：转身挑扇，点步推掌（如图7-5-38①②）。

5. 歇步抱扇（怀中抱月）：转身歇步抱扇（如图7-5-39）。

6. 并步贯扇（迎风撩衣）：上步合扇分手，并步贯扇（如图7-5-40①②）。

7. 云手劈扇（翻花舞袖）：摆扇穿手，云扇摆掌，侧弓步劈扇（如图7-5-41①②③）。

8. 歇步亮扇（霸王扬鞭）：分手摆扇，歇步亮扇（如图7-5-42①②）。

图7-5-38①　　　　图7-5-38②　　　　图7-5-39　　　　图7-5-40①　　　　图7-5-40②

图7-5-41①　　　　图7-5-41②　　　　图7-5-41③　　　　图7-5-42①　　　　图7-5-42②

9. 开步抱扇（抱扇过门）：开扇托抱，合扇举抱（如图7-5-43①②③）。

图7-5-43①　　　　　　图7-5-43②　　　　　　图7-5-43③

第四段

第四段动作图解同第二段。

第五段

1. 马步顶扇（顺弯肘）：马步合扇，马步顶肘（如图7-5-44①②）。

2. 马步抖扇（裹鞭炮）：转腰合臂，抢臂叠拳，马步翻抖拳（如图7-5-45①②③）。

3. 虚步拨扇（前招势）：转身摆掌，虚步拨扇（如图7-5-46）。

4. 震脚拍扇（双震脚）：曲蹲分手，蹬跳托扇，震脚拍扇（如图7-5-47①②③）。

| 图7-5-44① | 图7-5-44② | 图7-5-45① | 图7-5-45② | 图7-5-45③ |

图7-5-46　　　　图7-5-47①　　　　图7-5-47②　　　　图7-5-47③

5. 蹬脚推扇（龙虎相交）：提膝收扇，蹬脚推扇（如图7-5-48①②）。

6. 望月亮扇（玉女穿梭）：落脚合臂，叉步展臂，后举腿亮扇（如图7-5-49①②③）。

| 图7-5-48① | 图7-5-48② | 图7-5-49① | 图7-5-49② | 图7-5-49③ |

7. 云扇合抱（天女散花）：开步抱扇，舞花云扇，开步抱扇（如图7-5-50①②③④）。

图7-5-50①　　　　图7-5-50②　　　　图7-5-50③　　　　图7-5-50④

8. 歇步亮扇（霸王扬旗）：开步展臂，歇步亮扇（如图 7-5-51①②）。

图 7-5-51①　　　　　　　　　　图 7-5-51②

9. 托扇行步（行步过门）：转身穿扇，插步抱扇，抱扇行步，转身合掌，开步合扇，两臂展开（如图 7-5-52①②③）。

图 7-5-52①　　　　　　　图 7-5-52②　　　　　　　图 7-5-52③

第六段

1. 虚步捧扇（七星手）：两臂前平举，屈蹲按扇，虚步掤扇（如图 7-5-53①②③）。

2. 弓步捧扇（揽扎衣）：收脚抱手，转身上步，弓步掤扇（如图 7-5-54①②）。

图 7-5-53①　　图 7-5-53②　　图 7-5-53③　　图 7-5-54①　　图 7-5-54②

3. 后捋前挤扇（捋挤势）：合手翻扇，后坐后捋，转身搭手，弓步前挤（如图 7-5-55①②③④）。

4. 并步背扇（苏秦背剑）：后坐平云，转腰推扇，并步背扇推掌（如图 7-5-56①②③）。

5. 弓步戳扇（搂膝拗步）：摆掌合扇曲蹲，转身上步，弓步戳扇（如图 7-5-57①②③）。

图 7-5-55① 图 7-5-55② 图 7-5-55③ 图 7-5-55④ 图 7-5-56①

图 7-5-56② 图 7-5-56③ 图 7-5-57① 图 7-5-57② 图 7-5-57③

6. 仆步穿扇（单鞭下势）：转身勾手扣脚活步，仆步穿扇亮扇（如图 7-5-58①②③④）。

图 7-5-58① 图 7-5-58② 图 7-5-58③ 图 7-5-58④

7. 弓步架扇（挽弓射虎）：弓腿起身举扇，转腰摆臂，屈臂收扇，架扇打拳（如图 7-5-59①②）。

8. 虚步亮扇（白鹤亮翅）：左转腰合扇，右转腰分手，虚步亮扇（如图 7-5-60①②）。

图 7-5-59① 图 7-5-59② 图 7-5-60① 图 7-5-60②

9. 抱扇还原（收势）：抖腕合扇，收脚开步平举扇，并步抱扇，垂臂还原（如图 7-5-61①②③④）。

图 7-5-61①   图 7-5-61②   图 7-5-61③   图 7-5-61④

思考题

1. 简答长拳动作"转身平扫前推掌""翻腰提膝推掌""翻身劈掌"，长拳对打动作"乙腾空飞脚、甲旋风脚"的内容和要点。

2. 简答太极拳八法五步的八种劲法和五种步法。

3. 简答形意拳"三体式"动作做法。

4. 简答剑、扇的规格。

参考文献

1. 国家体育总局武术研究院组编. 中国武术段位制系列教程：长拳[M]. 北京：高等教育出版社，2011.

2. 国家体育总局武术研究院组编. 中国武术段位制系列教程：剑术[M]. 北京：高等教育出版社，2011.

3. 刘永明. 沙式形意拳[M]. 马六甲：坤发印务有限公司，2004.

编者简介：

1. 子莲鹰，女，大学本科，体育教育专业，教育学学士学位，副教授。研究方向：体育教学与训练；研究特长：武术与少数民族传统体育研究。长期从事高校武术课程教学和武术非物质文化遗产的传承和保护工作，发表论文 10 余篇，相关课题 3 项，参与编写教材 4 部。

2. 李云清，男，大学本科，体育教育专业，教育学学士学位，副教授。研究方向：体育教学与训练；研究特长：武术（健身气功）。

3. 阳小利，男，硕士研究生，体育教育训练专业，教育学硕士学位，讲师。研究方向：体育教学与训练；研究特长：武术养生、花样跳绳。

体育高考武术评分标准

表一　武术专项素质评分标准

项目	技术要求	评分标准	分值	最高得分
握杆转肩	两手对握,以肩为轴,同时由前向后转至身后再返回至体前,转动时两手不得松动	1. 两手相距与肩同宽 2. 两手相距超过肩宽10厘米 3. 两手相距超过肩宽15厘米 4. 两手相距超过肩宽20厘米	4分 3分 2分 1分	4
仆步抢拍	由仆步一手拍地开始,上轮臂要贴耳,下轮臂要贴腿,左右交替进行,每击拍地面为一次	10秒 9次 7次 5次	3分 2分 1分	3
正踢腿(左、右)	原地站立,一脚支撑,另一脚脚尖勾起,连续向前额猛踢,每次脚尖必须过肩	10秒 14次 12次 10次	3分 2分 1分	3
正压腿(左、右)	一脚放在一定高度的物体上,两腿伸直,支撑脚脚尖向前,上体直体前压,前额触及脚尖	1. 前额触及脚尖 2. 前额与脚尖相距10厘米 3. 前额与脚尖相距20厘米	3分 2分 1分	3
竖劈叉(左、右)	两腿前后伸直,劈开成一条直线,后脚脚背着地,臀部与大腿内侧贴紧地面	1. 臀部与大腿内侧贴紧地面 2. 臀部与大腿内侧和地面相距10厘米 3. 臀部与大腿内侧和地面相距20厘米	3分 2分 1分	3
腾空飞脚	摆动腿屈膝控腿,起跳腿上摆伸直,脚面绷平,脚高过胸,要求跳得高、拍得准、拍得响	1. 击响时脚高过胸,且右脚先落地 2. 击响时脚高过腰,且右脚先落地 3. 击响与落地同时,且左脚先落地	3分 2分 1分	3

表二　武术专项套路评分标准

项目	要求	标准	分值	最高得分
拳术	姿势正确、方法清楚 动作协调、劲力顺达 精神贯注、节奏分明 内容充实、特点突出	优秀 良好 中等 及格 不及格	6分 5分 4分 3分 2分	6
器械	姿势正确、方法清楚 身械协调、力点准确 精神贯注、节奏分明 内容充实、特点突出	优秀 良好 中等 及格 不及格	6分 5分 4分 3分 2分	6

参考文献

[1]蔡仲林，周之华. 武术(第三版)[M]. 北京：高等教育出版社，2000.

[2]全国体育院校教材委员会. 中国武术教程(上、下册)[M]. 北京：人民体育出版社，2004.

[3]张岱年，程宜山. 中国文化与文化论争[M]. 北京：中国人民大学出版社，1990.

[4]陈鑫. 陈氏太极拳图说[M]. 上海书店，1986.

[5]张立文. 中国哲学范畴发展史(天道篇)[M]. 北京：中国人民大学出版社，1988.

[6]《中国武术百科全书》编撰委员会. 中国武术百科全书[M]. 北京：中国大百科全书出版社，1998.

[7]国家体育文史工作委员会，中国体育史学会. 中国近代体育史[M]. 北京：北京体育学院出版社，1989.

[8]全国体育院校教材委员会. 武术(上、下册)[M]. 北京：人民体育出版社，1991.

[9]徐才. 武术学概论[M]. 北京：人民体育出版社，1996.

[10]国家体委武术研究院. 中国武术史[M]. 北京：人民体育出版社，1997.

[11]李德祥. 大学实用武术教程[M]. 昆明：云南大学出版社，2004.

[12]武术教材编写组. 武术[M]. 北京：高等教育出版社，1996.

[13]左文泉. 武术教学与训练指南[M]. 昆明：云南美术出版社，2006.

[14]康戈武. 中国武术实用大全[M]. 北京：今日中国出版社，1990.

[15]侯介华. 武术套路教学与训练[M]. 北京：北京体育大学出版社，2002.

[16]全国武术馆(校)教材编写组. 全国武术馆(校)教材[M]. 北京：北京体育大学出版社，1997.

[17]蔡仲林，陈照斌等. 武术[M]. 桂林：广西师范大学出版社，2000.

[18]张瑞林. 武术[M]. 北京：高等教育出版社，2005.

[19]温力. 中国武术套路产生的传统文化背景[J]. 体育科学，1992(3).

[20]温力. 武术传统技术体系和训练体系的形成[J]. 武汉体育学院学报，1997(2).

[21]邱丕相. 对武术概念的辨析与再认识[J]. 上海体育学院学报，1997(2).